Mathematical Modeling in Economics, Ecology and the Environment

经济、生态与环境科学中的数学模型

纳塔丽·西德南科（Natali Hritonenko）
尤里·耶申科（Yuri Yatsenko） 著

申笑颜 译

中国人民大学出版社
·北京·

前 言

很多不同领域的科学家都在研究人类经济和自然环境之间交互关系的问题，比如来自自然科学、技术、经济学、种群统计学、社会学、政治学及许多其他领域的问题。

人们能够深入研究环境和生态科学的一个重要因素在于用来理性管理经济问题与环境问题的数学工具和计算机工具的发展。

本书介绍了许多关于经济学、生态学和环境科学中的数学模型，即使对这些专业没有深入了解的读者也可以阅读此书。本书涉及的范围包括：经济控制的增长和技术发展、世界动力学、环境影响、资源开采、空气和水污染的传播、生态污染动力学和生态

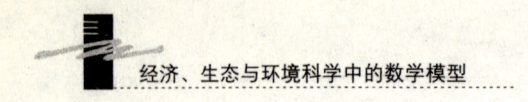

开发等。

我们讨论了大量的模型，其中包括从古典模型的代表（如 Cobb-Douglass 生产函数，Leontief 投入产出分析模型，经济动力学的 Solow 模型、Verhulst-Pearl 和 Lotka-Volterra 种群模型，等等）到世界动力学模型以及切尔诺贝利核泄漏之后的水污染传播模型。另外，对于在区域性环境影响下的经济—生态的交互作用以及技术进步的分层次建模也给予了特别关注。

作者采用了独特的块—块模式进行模型分析，即所有模型都是由共有的、单个部分（块）构建，通过这些块可以描述基本的实际过程；充分考察了控制影响的选择，模型的逐步构建，出现的数学问题及问题间相互影响的分析，模型路径的定性行为及其相应意义；同时还分析了数学建模的作用和步骤。

虽然本书十分精炼，但仍包括了许多以往只有在研究型杂志上才能看到的最新成果。不过对于部分章节，如第 2、4 和 7 章中包含的广为人知的结论，只进行了简单描述，因为介绍它们需要更深入的证明。另外，尽管本书篇幅有限，却依然讨论了许多数学及相关议题，比如系统分析，模型整合，离散型模型和连续型模型，微分方程和积分方程，优化分析和分支分析等。

有关数学模型和方法的新的信息技术与软件以及独立环境子系统的建模（大气，水和土壤）在理论和应用两方面公开出版物的大量涌现是经济—环境建模技术发展水平的一个特点。而生态和环境数学模型的广泛应用又恰恰反映了现代科学的发展趋势。

我们试图将所有经济、生态和环境建模中的相关技巧都考虑进来，可由于涉及的应用领域是如此之广，使得此举并不可取。所以本书只能着眼于考虑与我们的研究兴趣密切相关的几个重要建模方向，并着重体现了近 30 年来，欧洲关于经济和环境方面数学模型的建模经验。

本书的主要目标：

- 列举经济、生态和环境科学中应用数学建模的最新实践。
- 揭示各种经济、生态和环境模型之间的相互作用，并阐述如何从较为简单的元素出发,建立复杂的数学模型。

● 教会读者如何建立、验证和分析现实问题的数学模型,而无需其他帮助。

● 提供理论洞察以指导实际模型的设计。

本书适合作为数学建模的初级和高级课程,学习之前要求具备大学理科一、二年级的数学知识(微积分,微分方程和积分方程初步)。

尽管本书是一本科研专著而不是一本教科书,但它也为数学建模课程提供了出色的素材。作者把它作为研究生课程的教科书,并希望有益于教学。在设有数学建模课程的3~5年制大学里,希望培养学生具备全局性和综合性的数学建模想象力,以便日后可以在某一专业领域开展工作。本书将尽最大努力实现这个目标。

对于那些首次接触本专题的读者来讲,本书在内容上是自含的。大学基本的数学知识已经足够理解这里介绍的模型。作者竭力避免使用那些本书没有给出定义的较为高深的术语和概念。

本书适用于从事数理经济学、数学生态学、环境科学建模的本科生、研究生、专家和广大的数学读者使用。

内容简介

在过去的几十年里,出现了经济—生态系统(economic-ecological system, EES)这一概念,并且用于预测和优化经济—生态系统演进的各类模型也得到了发展。这些模型把环境污染纳入到经济过程的描述当中,并假定人类可以控制此类过程。在第1章和第3部分详细介绍了经济—生态系统的概念。值得注意的是,此概念包含了经济和环境系统的双向交互作用(在第10~12章给出了相应的模型)。

第1章不同于本书中的其他部分,它只包含两个主题:经济—生态系统控制中数学模型的作用和数学模型的分类。余下的章节则被划分成3个部分。

第1部分:经济系统控制模型。包括第2~6章,主要介绍经济系统中的数学建模。模型拥有自己的术语、分类和研究方法,所属领域也都十分稳定。

因为第 1、2 部分所考察的模型都将作为后面第 3 部分中的"块"——用来建立综合系统中更为复杂的模型,所以,第 1 部分(主要是经济增长理论)和第 2 部分中模型和主题的选择也都围绕着这一目的。

第 2、3 章分析了基于生产函数的非线性综合经济—数学模型;第 4 章简要描述了多部门经典线性经济模型(Leontief 模型和 Neumann-Gale 模型);而第 5、6 章则主要关注技术革新模型,模型的形式是积分或偏微分方程。

优化分析对于涉及的许多模型都十分重要,第 1 部分中的基本模型均强调了它们的大道性质。这些性质描述了"有效"路径(大道),此路径与最优模型路径接近,但它的结构却又更为简单。这种性质也反映了经济发展的基本趋势和规律。

第 2 部分:生态和环境模型。主要研究生态和环境问题中各种数学模型的混合情况。此部分包括三大主题:生物群落的数学模型(第 7 章),空气污染传播模型(第 8 章)和水污染传播模型(第 9 章)。

由于这些知识在相关领域的其他书籍和教材中都有所介绍,很多基本模型(更为准确地讲,是模型块)只给出了简单介绍。不过,本书详细讲述了如何运用这些"块"去构建更为复杂的模型。

第 3 部分:经济—生态系统模型。综合描述了经济和环境动力学的集成模型构建。

第 3 部分中的每一章都是在处理一系列相似的模型,模型全面、集中地考察了经济—环境的某一特定过程(而不是关注模型的规模或是数学上的相似性)。

第 10 章简单地介绍了综合经济—环境模型(基于第 2、3 章的模型)。

第 11 章讨论的是世界动力学模型,涉及了经济—环境交互作用中的几个新的关键因素(与第 10 章进行对比)。

第 12 章介绍了经济—环境模型,详细描述了污染的传播(以第 8、

9章中的环境模型为基础)。

第13章考察了经济—环境交互作用下受控制的技术革新的积分模型（以第5、6章中的环境模型为基础）。

第14章讲述了理性开发生态种群（生物群落）的经济控制模型（以第7章中的环境模型为基础）。

当然，我们列举的经济环境问题并不全面，但它们足以能够说明所考虑的新问题和新过程是如何影响数学工具选择的。第10、11章中的模型以常微分方程为基础，第12章中的模型以偏微分方程为基础，而第13章中的模型则以积分方程为基础。

第10章中的多个资源开采模型作为第11章世界动力学模型中的各个块；第10章中带有环境控制的最简模型和第11章中的世界模型都是以一种非常综合的形式来思考环境污染的；而在接下来的第12章中，更为详尽地描述了在经济—生态系统中的这种污染过程。

应该强调的是，本书并没有介绍新的模型，作者只分析了广为人知的模型。通常，这些模型在以前公开出版的几种杂志、专著或教科书中都出现过。第5、6和13章与本书作者的结论有关，其中的模型均发表在之前的国际杂志以及相应的专著当中（N. Hritonenko and Yu. Yatsenko, 1996）。

针对模型中出现的数学问题（如问题解决的可能性，定性动力学等），仅当对解释模型目标有必要时才会进行选择性地分析。在不同情况下，理论问题的研究包括相图和分歧分析（生态系统）、静态解分析（污染传播模型）、优化分析和大道性质（经济增长和技术发展）等。

本书的这种分类方法值得进一步探讨，而且可能并不完美，但它却反映了作者的实际经验，有助于实现此书的目标。

一些基本概念

本书的术语包括基本的数学概念（微分和积分方程、线性代数、最优化原理等）、经济增长理论、种群生态学理论和环境科学理论。根据需要我们会给出完整的数学定义。

正如前面已经提到的，数理经济学术语是稳定的，而我们也会在相应的章节里直接给出必要的概念（如生产函数、总产量和最终产量、技术革新等）。

然而，生态学和环境学却不是这样。这些学科目前仍然处在发展阶段，所以使用的术语不尽相同，有时术语甚至是混淆的。另外，不同的学者也可能使用不同的术语来描述同一个环境概念。下面将给出一些与本书有关的生态学和环境学的基本概念。

环境，与一个既定生物个体有关，并且它是直接作用于该个体的自然界和人类活动的这些外在力量和现象的集合（复杂型集合）。

自然环境（或叫**生境**），是一个较为狭义的概念，对应的仅仅是自然因素的集合。不过这是对**环境**最为普遍的一种理解。在本书当中，环境常常意味着**自然环境**。

域（拉丁语：分布区—街区，空间），是一个散布着一些现象、物种和植物等元素的地球表层分布区。

生物群落，是栖息在同一领域（域）的个体（动物、植物）的集合，所有的个体都加入到一个共同的自我繁殖过程。

种群，是一个独立物种的生物群落。

生物地理群落，可以被定义成地球表层的一部分，在其上，生物群落与它对应的大气层、岩石圈和水圈仍然是同质的。它们在整体上构成了完整的、内部一致的综合体。

生态系统，是一个功能系统，它包含了一个生物群落及其生境。这个概念与生物地理群落相似，不过更为广义一些，而且能够应用到人为的自然—人类系统（如农业生态系统，城市环境学等）中。此术语于1935年由 A. Tensley 提出。

与环境相反，生态系统和生物地理群落的概念具有清晰的、地区性的（区域性的）因素。

经济—生态系统（EES），是一个区域系统，它包括一个区域的经济系统和生态系统以及它们之间的双向交互作用。

生物圈，由地球上全部生物地理群落（生态系统）的集合构成的全球性生态系统被称作**生物圈**。这个术语由著名的俄罗斯科学家V. Vernadsky 提出。

根据 Vernadsky 的学说,生物圈正在转变成**智能圈**——与人类社会发展相联系的生物圈的一个新的演进状态。智能圈是自然界与社会相互作用的一个圈子,人类活动是其中的主要因素。

从实践角度讲,智能圈可被看作是经济—生态系统这个概念在全球层面上的一个哲学表达。

与智能圈相近的还有一些概念,诸如**社会圈、人类圈、技术圈**和**地理生物圈**。但是,这些概念都还没有形成一个新的理论以验证引入和推广它们的正确性。

生态学(从狭义角度看),讲述的是生物体、生物体自身内部的群落与自然环境之间的相互关系。1866 年,E. Heckel 在他著名的双卷巨作《广义生物形态学》中提出了这条术语。

随着生物学研究领域的扩大,最近形成了更为广义的**生态学概念**。

生态学(从广义角度看),讲述的是地球中生命层的结构和功能,并作为自然环境中人类行为的理论基础。这一学科尚处于发展过程中的初级阶段,所以还有着其他的名称(生物圈科学、精神学等),并包含着不同的部分(全球生态、社会生态、人类生态及其他),而且有时伴随着混淆的术语。

人类科学的生态化,从全球的和区域的角度去考虑人类、自然界正在进行着的活动对环境的影响。这引发了与生态学相近的新应用学科的出现,比如:生态地理学,放射生态学和地理化学生态学,宇宙生态学,农业生态学,进化生态学,人类生态生理学,医学生态学,地球卫生学和医学地理学等。

本书作者感谢所有匿名审稿人对原稿的有益评论和高度评价。我们愿意倾听读者对此书的反馈,当然,文责自负。

目 录

第1章 模型构建原则 ……… (1)

  1.1 经济—生态控制中数学建模的作用和步骤 ……… (1)

  1.2 经济—生态控制问题的分析 ……… (4)

  1.3 建模的数学方法选择 ……… (10)

  1.4 可控动力系统模型 ……… (15)

第1部分 经济系统控制模型

第2章 经济动态学综合模型 …… (24)

  2.1 生产函数及其类型 ……… (24)

2.2 经济动态学基本模型（Solow 模型） …… (30)
2.3 Shell 模型的最优化分析 …………… (32)
2.4 可更新劳动力资源的综合模型 …… (33)

第3章 技术进步模型 …………………………… (35)
3.1 技术进步的基本模型 ………………… (35)
3.2 自主型技术进步及其类型 …………… (37)
3.3 自主型技术进步的 Solow 模型和 Shell 模型 …………………………………… (39)
3.4 单部门内生型技术进步的模型 ……… (40)
3.5 技术革新模型 ………………………… (42)

第4章 多部门线性经济模型 …………………… (46)
4.1 Leontief 模型（投入—产出模型） …… (47)
4.2 动态 Leontief 平衡 …………………… (49)
4.3 Von Neumann-Gale 模型 …………… (50)
4.4 多部门模型的特征 …………………… (51)
4.5 大道性质 ……………………………… (52)

第5章 控制型技术革新模型 …………………… (55)
5.1 Solow 积分模型 ……………………… (56)
5.2 Kantorovich 单部门宏观经济模型 …… (58)
5.3 市场经济学中的物化型技术进步模型 …………………………………… (59)
5.4 积分生产函数 ………………………… (59)
5.5 Glushkov 两部门宏观经济模型 ……… (60)
5.6 多部门积分模型 ……………………… (62)
5.7 设备更新微分模型 …………………… (63)

第6章 经济革新的优化模型 …………………… (65)
6.1 单部门基本模型和基本优化问题 …… (66)
6.2 其他优化问题 ………………………… (69)
6.3 两部门自我发展经济模型 …………… (74)

第 2 部分　生态和环境模型

第 7 章　生物群落数学模型 ……………………(82)
　　7.1　单物种种群的动态模型 ………………(82)
　　7.2　两物种种群的动态模型 ………………(85)
　　7.3　取决于年龄的种群动态变化模型 ……(91)

第 8 章　空气污染传播模型 ……………………(97)
　　8.1　基本概念 …………………………………(97)
　　8.2　成分迁移和弥散的简单模型 …………(99)
　　8.3　实际模型的构建 ………………………(102)

第 9 章　水污染传播模型 ……………………(106)
　　9.1　模型分类 ………………………………(107)
　　9.2　吸附和沉降模型 ………………………(109)
　　9.3　三维模型 ………………………………(110)
　　9.4　二维水平模型——静态流分析 ………(113)
　　9.5　一维解析模型 …………………………(116)
　　9.6　零维（室）模型 ………………………(118)
　　9.7　地下水和土壤里废弃物的迁移
　　　　模型 ……………………………………(120)

第 3 部分　经济—生态系统模型

第 10 章　环境影响和资源开采模型 …………(127)
　　10.1　不可再生资源的综合模型 …………(127)
　　10.2　环境控制综合模型 …………………(130)

第 11 章　世界动力学模型：构建与结论 ……(136)
　　11.1　Forrester 全球模型 …………………(137)
　　11.2　Forrester 模型修正 …………………(139)
　　11.3　Mesarovic-Pestel 模型 ………………(141)
　　11.4　Leontief-Ford 模型 …………………(142)

· 3 ·

第12章 空气和水的污染传播模型 ……………… (144)
12.1 工厂安置控制模型 ……………… (145)
12.2 工厂污染强度控制 ……………… (147)
12.3 水污染传播控制 ……………… (150)

第13章 技术革新模型中的环境影响 ……………… (153)
13.1 技术革新和环境影响建模 ……………… (154)
13.2 两层经济生态系统中的技术优化 ……… (158)

第14章 生态污染的经济控制 ……………… (163)
14.1 生物群落的最优控制 ……………… (164)
14.2 种群年龄结构控制 ……………… (167)
14.3 关于模型选择 ……………… (169)
14.4 经济—生态建模展望 ……………… (170)

参考文献 ……………………………………………… (172)
术语对照 ……………………………………………… (184)

第1章 模型构建原则

本章主要讲述在经济—生态交互作用的领域中,一般数学建模原则的应用。

1.1 经济—生态控制中数学建模的作用和步骤

经济—生态系统是将某一地区的生态系统和经济系统共同进行考虑的一个系统。这一概念还包括经济与环境生态系统之间的双向交互作用,并且假设系统中存在人类的控制。

模型不仅给出了经济—生态系统行为的

初步解释和预测，且加入了有关自然界的新理论信息，其原因在于人类对自然界的一个实际影响与人类对于该影响的理论认识之间，总是存在着距离。为此，经济—生态系统控制中的所有可能变量都应该被模型化处理，以减少不合意的生态影响。另外，这样做还相应扩大了人类思想作用的范围。

在建模方法中，数学建模和计算机建模特别重要。与真实的实验相比，此类建模的优势在于：

- 建模成本相对较低；
- 模型容易修改；
- 参数变化的多实验成为可能（比如一个"若……则……"的多元研究）；
- 加入生态系统的演化背景，这对于不可逆过程的建模工作非常重要。

建模应始于研究的早期阶段。为了获得模型与现实世界更好的一致性，只要数值实验显示何种信息需要补充，以及何种因素需要改变，建模工作就可以开始。

一个数学模型不应该是现实世界的完全拷贝，它始终只是一个简化，这种简化有助于揭示发生在现实中的主要过程。下面将更详细地解释这一思想。

在决策过程中，人总是要使用模型，因为他没有办法掌握关于现实的绝对知识。与未来相关的理想模型首先会出现在人的大脑（心智模型）中，它可以补充数学和计算机模型。而且更为重要的是，基于心智模型创造出来的数学模型不会好过心智模型。与心智模型相比，形式化模型永远是次生的，不能用来取代心智模型。

1.1.1 数学建模的各个步骤

图1—1说明了应用数学建模中的各个步骤及与其对应的相关问题之间的交互作用。事实上，任何类似的分类都可能会引发争议。不过，这个概略图反映了本书作者及其同事在该领域内多年的研究经验。我们

将按照这个框图进行专门的经济、生态和环境模型的分类、构建和研究。

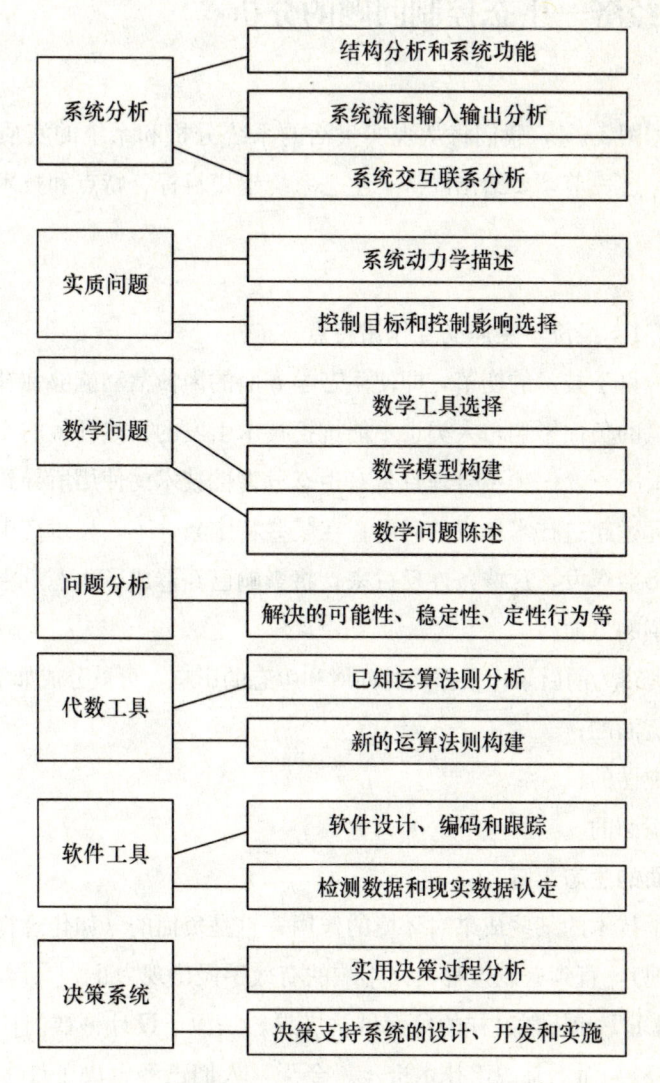

```
系统分析 ── 结构分析和系统功能
         ── 系统流图输入输出分析
         ── 系统交互联系分析

实质问题 ── 系统动力学描述
         ── 控制目标和控制影响选择

数学问题 ── 数学工具选择
         ── 数学模型构建
         ── 数学问题陈述

问题分析 ── 解决的可能性、稳定性、定性行为等

代数工具 ── 已知运算法则分析
         ── 新的运算法则构建

软件工具 ── 软件设计、编码和跟踪
         ── 检测数据和现实数据认定

决策系统 ── 实用决策过程分析
         ── 决策支持系统的设计、开发和实施
```

图 1—1 应用建模的主要步骤

本书的研究对象与图中的实质问题（the statement of substantial problem，SP）和数学问题（the statement of mathematical problem，MP）有关。另外，也与系统分析（system analysis，SA）和问题分析（analysis of the problem，AP）中的部分内容相关。

1.2 经济—生态控制问题的分析

根据图 1—1，我们将从现实生活的系统分析和系统的实质问题开始研究。这一节，要给出经济—生态系统建模目标、特点和技术上的一般说明。

1.2.1 经济—生态交互作用特点

随着科学技术的变革，即使生态学方面的谨慎活动能够弥补人类行为对环境的负面影响，人类也不能抗拒技术引发的自然环境的变化。在大多数情况下，一项不合理且带有生态危害性技术的使用所导致的生态问题将远远超过技术本身的问题；在某些特定条件下，技术产生的一个可能性将会爆发，这些条件反过来，将影响已经造成了生态危害的科学技术变革的方向。

人类行为的后果，根据其对环境和生态的影响，可被分成如下几类：
- 负面的；
- 中性的；
- 正面的。

负面的生态影响

科学技术的某些成果对环境的作用一直是负面的（如化合物、杀虫剂及其他），直到遏制这种负面影响的有效手段出现为止。

像 DDT 和辐射这样的负面科学成果，是源于设计糟糕的社会目标（过于狭隘）而不是源于技术进步。今天，人们已经解决了许多特殊的技术问题，可是由于问题本身的局限性却使得解决方法造成了负面的生态结果。科学和工程对于解决生态问题的贡献在很大程度上取决于人类社会想要达到的目标。

负面生态影响分为：
- 人类行为带来的实际负面影响；

- 潜在性生态危险。

环境污染、辐射升级、土壤侵蚀等都是人类行为造成的实际负面生态影响；另外的一些科学成就（如原子能、开发矿藏和城市化）却具有潜在性风险。潜在性生态危险也被分成两类：

- 未来可能发生的危险。只要现代技术和经济发展的趋势仍然存在，此类危险（比如传统自然资源的耗尽，臭氧层的破坏，大气中氧气含量的减少等）就有可能发生。
- 随时随地都可能发生的危险（比如由于核武器的使用或原子能核电站的泄漏造成的严重辐射等）。

应当指出，潜在性生态危险远比实际存在的危险更加复杂和重要。人们能够降低实际存在的负面生态影响（比如一些成功阻止环境初步污染的例子）。然而，潜在性危险往往是突然爆发的。通常，当人类的活动范围逐步扩大时，潜在性危险就会有累积和增长的趋势。切尔诺贝利灾难就是由潜在危险转变成现实危险的一个例子。

正面的生态影响

一些科学成就（例如：电子、计算机、自动化、生物技术和太空探险）减少了人类行为总体的负面生态影响。

人类在物质、能源和信息方面与大自然之间存在着相互影响，现代技术固有的信息互动是最大的生态优势。在这方面，应该着重突出计算机的生态角色，因为计算机能够帮助我们将无穷无尽的资源视作信息再加以处理。

由此可见，科技的进一步发展能够消除或降低自身所带来的部分负面的生态结果。

1.2.2 经济—生态控制目标

从广义角度来讲，经济—生态控制的主要目标包括建立人类行为与自然环境的和谐关系，创造有利于人类生存的自然条件以及设计合理的生态圈。人类社会与自然界之间关系的生态战略可表述如下：

- 防御性战略：发明各种净化工具，构建和发展实用技术。

- 相关性战略：联合治理生产过程和自然生态过程。
- 自然过程的技术化战略：把开发自然过程看作是技术过程。

三个主要的全球性生态问题可划分如下：

- 粮食短缺（一直都相当重要）；
- 自然资源枯竭（起源于 19 世纪）；
- 环境污染（起源于 20 世纪）。

所有生态和环境的应用问题常常被认为是上述问题的一个局部性或区域性水平的反映。

生态问题的相互关联和相互交织使得解决一个特定问题时不得不考虑其他因素，通常减少一个负面结果往往会引起其他的负面问题。因此，为解决一个特定的生态问题而又想要获得一个完美的和终极的解决方案是不理性的。唯一值得讨论的是，为了把一个特定生态问题的全部复杂性转化成一个人类与环境之间最佳的相互关系所制定的参考建议和技术。下面我们考虑与上述情形相关的一个实例。

例子：合理开发农业生态系统。为获得最大可能的产量会导致人为的、单一性的生态系统。不过，这种人造的生物地理群落却不如天然的多物种群落稳定，因为在面对虫害、疾病和气候条件时，它们显得尤为脆弱。如果希望提高稳定性，就需要使用杀虫剂。生态系统自身的发展趋势总是伴随着最低产出的最高稳定性，以及维持系统有效性的支出的增长。这样，若将经济成本、不稳定性和生态系统污染都考虑进来，生态系统的目标应该是获得最优产出而不是最大产出。

总之，选择经济—生态系统发展中的一个决策需要整合不同的控制目标，并且目标彼此之间相互妥协。人类在这样的妥协之中扮演着重要角色，可是人类不能被形式化的方法（包括数学方法）所替代。

1.2.3 经济—生态控制构成

任何一个控制系统都包括三个基本功能部分：测量（监测）、建模和控制。这三个部分不可分割、缺一不可。

如果没有一个成熟的测量部分，经济—生态系统的建模和控制工具将变得毫无意义。环境监测是第一部分，也可能是经济—生态系统控制中最昂贵的部分。在有关经济生态控制的文献中，主要研究的是监控系统。

环境监测是一个多目标信息系统，目的是为了观察生物圈，评估和预测它的状态，评价人类对环境的影响，并揭示此类影响内在的要素和根源。环境监测概念出现于 70 年代，它含有三个层面：生物生态监测（从影响人类的角度观察环境状态），地理生态监测（观察生态系统演进）和生物圈观测（观察和观测生物圈整体改变）。

监测系统可以涵盖局部区域（局部监测）或是整个国家（国家监测），而全球性监测（监测整个地球）也同样很有意义。

监测概念只隐含着观察和预测的功能而不是决策的功能。而更为一般的概念则是决策—支持（或控制）系统，它是一个集软件、硬件、数学、信息和组织方法于一身的综合体，目的是有效管理经济—环境的控制系统。

另一方面，模型本身构成部分的缺少使得经济—生态控制系统成为了一个信息系统。这样，从一个宽泛的角度讲，有必要强调数学建模作为经济—生态系统中控制决策—支持部分的基础的重要性。

经济—生态系统控制中的建模有两种情况：
- 生态系统功能的目前状态和未来状况预测的建模；
- 控制决策自身的建模。

这些问题可通过各种理论和数学方法解决。本书主要解决第一类建模。

像经济—生态系统这样规模较大的系统的数学建模问题是一个相当复杂的科学技术过程，其主要步骤和任务在本章开始的图 1—1 中已经给出。本书中，我们主要考虑概略图中提到的以下两个步骤：
- 实质问题说明（substantial problem，SP），
- 数学问题说明（mathematical problem，MP）。

两个步骤的交互作用如图 1—2 所示。

需要说明的是数学模型（mathematical model，MM）的概念并不

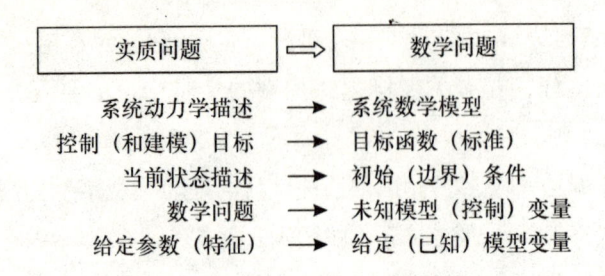

```
     ┌──────────┐    ┌──────────┐
     │ 实质问题 │ ⇒  │ 数学问题 │
     └──────────┘    └──────────┘
     系统动力学描述  →  系统数学模型
     控制（和建模）目标 → 目标函数（标准）
     当前状态描述    →  初始（边界）条件
     数学问题        →  未知模型（控制）变量
     给定参数（特征）→  给定（已知）模型变量
```

图 1—2 SP 和 MP 阶段之间的交互作用

等同于数学问题（mathematical problem，MP）。一个数学模型虽已被创建，仍有许多工作要做，如分析和选择问题的目标和约束条件，明确过程中已有的和所需的特征等。数学问题的结构如图 1—3 所示，用于经济—生态系统控制的数学问题的主要分类如图 1—4 所示。

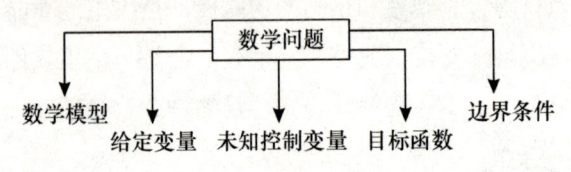

```
               ┌──────────┐
               │ 数学问题 │
               └──────────┘
          ╱  ╱     │    ╲    ╲
     数学模型 给定变量 未知控制变量 目标函数 边界条件
```

图 1—3 数学问题结构

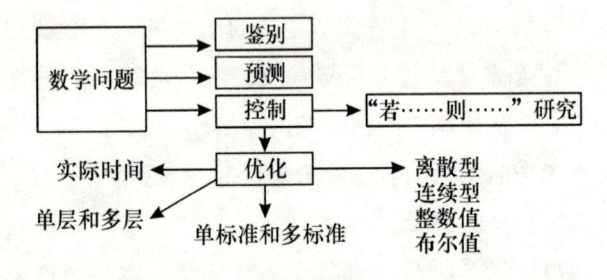

```
                ┌──→ 鉴别
   ┌──────────┐ ├──→ 预测
   │ 数学问题 │─┤
   └──────────┘ ├──→ 控制 ──→ "若……则……"研究
                └──→ 优化 ──→ 离散型
     实际时间 ←──┘    │         连续型
     单层和多层       │         整数值
              单标准和多标准    布尔值
```

图 1—4 数学问题的一种分类

1.2.4 决策过程建模

有关经济—生态系统的实际控制影响的建模对应于决策支持系统（decision-support system，DSS）的各个步骤的创建（如图 1—1 所示）。首先简要说明一下经济—生态系统控制的决策理论的各个元素。

经济—生态系统的控制包括各种决策的详细环节和周密实施，它们质量的好坏决定了经济生产的效率和生态环境的状态。控制工具提出的基础是清晰地理解这些工具在实际决策过程中的作用、目的和潜力。

在决策理论中，人们通常能够明确一个决策过程（decision-making process，DMP）和提供该决策的主体，即决策者（person making decisions，PMD）。从广义上讲，决策过程这一概念包含决策者的目标、功能和组织；科学和技术方法（如数学模型，代数，软件和硬件等）；决策支持系统以及它们的交互联系等。目标决定着功能（行动）和实施的工具。一个完整的决策过程应该考虑到控制的全部因素（信息的，经济的，社会的和法律的）。

决策过程分析中的关键问题是：如何考察这个过程，谁应该做出决策，谁应该实施这个决策，目标是什么，以及顺利解决新出现问题的主、客观条件是什么。

目前，决策过程分析的特点是多学科的而不是跨学科的。由不同控制系统（经济的，技术的，生态的和社会的）产生的独立解释已经导致了有关这些系统的各自孤立的研究和构建，并由此出现了决策过程原理方面的不协调性。因此，为了成功地分析经济—生态系统控制中的不同方面，来自不同领域的专家的密切合作就显得十分重要。

1.2.5 计算机建模

利用计算机建模实现的传统参数模型已经超越了人类的技能。这种模型可以处理系统演化过程中大量的变量，快捷且具有逻辑修正能力，该系统演化中带有给定的初始数据以及既定的结构设计、边界条件和演化低值。可见，计算机模型应该被视为决策支持的附加方式而不是所有模型的替代品。特别是，在建立复杂的经济—生态系统演化模型时，计算机可用于构建人机交互系统。

计算机建模的可行性没有必要被夸大，但在 J. Forrester 的所谓"反直觉原理"中却突出了这样的夸大。该原理声称复杂系统实际上是反直觉行动的，只有通过公式化模型方法才能得到恰当的描述。这一原理加大了计算机预测的绝对误差，而且在计算机模型的影响之下，导致了心智模型被不公正地简化。而实际上，计算机模型仅仅起到了预测工具的辅助作用，其结果仍有赖于最初的心智模型。

当观察者不能获得很多相关因素时，模型就为一个实际系统功能以及它与外部环境的联系提供了大量的描述。作为衡量和建模的一个结果而言，仅获得系统状态的知识还是不充分的，因为要成功地控制生态系统，了解生态系统对于控制行动将做何反应也是十分必要的。只描述特定生态系统状态的模型在其他情况下可能会变得毫无用处。为此，开发自然环境中各组成部分的可供替代的模型是十分有益的。

建模经常会寻找经济—生态系统开发的最优条件，以此降低生态系统中不可逆转变化的风险。

基于已知经济—生态系统行为变化的定性图形，可以进行经济—生态系统控制问题的数学研究。例如，可在控制影响的相应变化之下，通过多变量预测进行"若……则"的评估工作。因此，在一个管理决策做出之后，就有必要建立模型以帮助我们观察经济—生态系统的演化趋势。不过，主要的困难还在于根本不可能获得全部的生态信息、糟糕的预测以及突发性因素。

1.3 建模的数学方法选择

目前，应用数学建模的发展有以下两个方向：
- 数学模型极尽简单，并且模型只依赖于初始数据，而无须对所研究的过程有更深入的了解。正是这一原因，使线性方程得到了越来越广泛的运用。在应用领域的建模中，这类方法使用得十分普遍，而且在很多案例中都已经取得了良好的效果。
- 数学模型极尽精细，模型全面反映了所研究系统的内部结构，并将一些细微的因素都考虑进来。一般说来，这会导致出现相当复杂的数学问题，所以此类模型在实际运用中并不是十分方便。尽管如此，这种详尽的阐述还是反映了科学发展的一个内部逻辑：如果没有新模型的建立，理论数学和应用数学也就不可能有所进步。

在经济—生态系统的建模中使用了多种数学工具，如从线性代数方程到多标准最优化，模糊集理论，以及行业方法等。评判应用数学模型好坏的一个重要、恰当的标准是能否成功地得到实际对象的认可。这样的标准并不会降低模型的理论分析意义和与其他可替代模型的比较意义，在这种情况下，模型的有效标准便是如何把研究中的不同控制因素和过程因素都纳入到研究环节。

实际生活常常会推进系统中真正的新因素的研究，为此，开发新的数学模型，或是修正已有的数学模型就变得很有必要（一般是采用一个新的数学方案）。本书接下来的几个部分就将讲解这些情况。

下面介绍应用建模中的几种数学模型。我们只是挑选了一些能够反映本专著目标的模型，并没有对所有模型进行一一列举。

1.3.1 确定型模型和随机型模型

经济—生态系统属于综合性系统，维数较高且内部关系具有不确定性。不过，尽管如此，被广泛使用的、描述经济—生态系统的功能和演化的总体趋势的模型却是确定型模型而不是随机型模型。这可能是由于缺乏解释过程本质的实质性认知，使得运用随机因素进行数学描述的复杂性无法得到验证。严格地说，计算确定型模型时，常常要使用经济—生态系统过程中一些随机性参数的平均值（比如预期的人口数量而不是实际的人口数量等）。要求至少在课题研究的初始阶段，人们就能够提出关于经济—生态系统确定型模型的约束条件。

随机型（统计）模型对于分析重复过程十分有用，这类建模需要相当数量的原始数据（一般是较大的模型）。然而，经济和生态演化过程的实施常常是唯一的，而且会伴有数据短缺的问题（特别是大型系统）。这一事实突出了演化过程中构建现象学模型（即基于大量假设）的重要性。当然，对于这样的系统，应该提供所有可能获得的信息以用于复杂分析（包括统计分析）。

本书在10.2节中使用了随机型模型，其原因在于模型过程具有统计特性。

1.3.2 连续型模型和离散型模型

根据不同的描述方法，数学模型可分为连续型模型和离散型模型（分别使用连续变量和离散变量）。

通过使用数据的不同类型也可以进行这样的分类。离散型模型使用向量 $x=(x_1, x_2, \cdots, x_n) \in R^n$；而连续型模型使用函数 $x(t)$，其中 t（标量或向量）为连续型自变量。

在动态模型中，常见的一个自变量是代表定义在某一时间段 (t_0, T) 上的某一时刻 t。

离散型模型的通式为：

$$F_j(x_1, x_2, \cdots, x_n)=0, \quad j=1, \cdots, m, \tag{1.1}$$

其中，$F_j(.)$ 一般是关于 n 个标量型变量的非线性函数。

连续型模型的通式为：

$$\Phi(x)=0, \tag{1.2}$$

其中 $\Phi(.)$ 是函数 $x(.)$ 的函数。

函数类似一个机器，针对来自某一确定函数空间 Ω 的每个函数 $x(.)$，输入 R^1 中的一个实数值。下面是函数空间中的三个著名例子：

- $C[a, b]$——定义在区间 $[a, b]$ 上的所有连续函数空间；
- $C^1[a, b]$——定义在区间 $[a, b]$ 上的所有连续且可导的函数空间；
- $L^\infty[a, b]$——几乎完全定义和界定在区间 $[a, b]$ 上的所有函数空间及其他。

通常，一个离散型模型可以模拟一个已知的连续型模型，反之亦然。对于后面所述的大多数关于经济和生态系统的连续型模型，它们的离散模拟都是已知的和常用的。选择连续型模型，还是选择离散型模型取决于反映所研究问题和对象（过程）时模型性能的特殊性，另外，还取决于研究者的偏好。在本书中，只有在两种情况下才会考虑使用离散型模型：一是对于相应过程的一个传统描述（如第4章），二是为了对过程实质进行一个简便说明（如5.1节）。

1.3.3 线性模型和非线性模型

研究的过程或预期的近似值决定了线性和非线性模型的选择。有时过程是非线性的，但使用线性模型描述却十分方便和简单。

线性离散模型可用下面的线性代数方程组（system of linear algebraic equations，SLAE）来描述：

$$\sum_{i=1}^{n} a_{ij}x_j = b_i, i=1,\cdots,m, \qquad (1.3)$$

或是

$$Ax=b, \qquad (1.4)$$

其中 $x=(x_1, x_2, \cdots, x_n) \in R^n$，$b=(x_1, x_2, \cdots, x_m) \in R^m$，且 $A=\{a_{ij}\}$ 是一个 $m \times n$ 矩阵。

模型（1.3）是一个使用方便并得到充分研究的数学对象。如果 $m=n$ 且行列式 $\det A \neq 0$，那么线性代数方程组（1.3）便可通过计算快速得到其唯一解 x（A，b 给定）。

非线性离散方程的一般理论是不存在的，而且求解形如式（1.1）的一个具体非线性方程组又常常会遇到很多数值理论方面的困难，其解往往可能不唯一或者根本不存在。

线性连续模型（1.2）是带有线性函数 $\Phi(.)$ 的模型，也就是说，对于函数空间 Ω 中的所有元素 x，y，此类函数保留了加法的线性运算和数乘运算，即：

$$\Phi(x+y)=\Phi(x)+\Phi(y), \Phi(\alpha x)=\alpha\Phi(x), \alpha \in R^1。$$

在非线性连续型模型中，函数 $\Phi(.)$ 也是非线性的。

1.3.4 微分模型和积分模型

根据函数 $\Phi(.)$ 的分类，连续型模型（1.2）可分为微分模型和积分模型两种。

尽管积分模型较为常用，但由于微分模型在分析和数值研究过程中更为简单和有效，所以后者的使用较为普遍。一般的选择规律是：在所要求的精度下，如果一个过程能够被一个微分模型有效描述，那么就没有必要再构建和使用一个积分模型。

积分模型。假定线性模型是一元函数，自变量是 t。在一般情况下，已知任意的线性函数 $\Phi(x)$ 都是关于函数 $x(t)$，$t \in [t_0, T]$ 的函数，且 $\Phi(x)$ 可被描述成如下积分方程：

$$\Phi(x) = \int_a^b K(\tau) x(\tau) d\tau,$$

其中函数 $K(t)$ 给定。这样，一个线性过程的积分模型能够被描述成：

$$\int_a^b K(t, \tau) x(\tau) d\tau = f(t), t \in [a, b], \tag{1.5}$$

其中函数 $f(t)$ 已知。

公式 (1.5) 是关于未知函数 $x(t)$，$t \in [t_0, T]$ 的第一类 Fredholm 积分方程。第二类 Fredholm 积分方程为：

$$x(t) = \int_a^b K(t, \tau) x(\tau) d\tau + f(t), t \in [a, b]。 \tag{1.6}$$

通过变量 t 进行离散化之后，模型 (1.5) 变成了式 (1.4)。连续型积分模型及其离散型模拟（SLAE）之间的类推，有助于更好地理解和解释模型。然而，线性连续型模型理论比线性离散型模型理论更加复杂。尤其是第一类积分方程和第二类积分方程相比，它们之间有很大不同。

如果我们考虑一个动态过程，那么它当前的状态只能依赖于过去的状态（它不可能依赖于将来的状态），因此，$K(t, \tau) \equiv 0$，$\tau > t$。在这种条件下，我们可从式 (1.5) 得到如下模型：

$$\int_a^x K(t, \tau) x(\tau) d\tau = f(t), t \in [a, b], \tag{1.7}$$

等式 (1.7) 确定了关于未知函数 x 的第一类 Volterra 积分方程。第二类 Volterra 积分方程则可被模拟定义成式（1.6）。

需要再次强调的是，尽管 Fredholm 方程和 Volterra 方程有相似之处，但它们在性质上的差别却依然很大。

微分模型。通过一个未知函数及其导数之间的函数关系来表示此类模型。此类模型起初用于描述动态过程（例如在时期 t 内的发展过程）。如果未来发展的动态性只依赖于过程的当前状态，则模型描述的是一种特殊类型的过程（非空间的过程，缺少滞后的过程及动态的过程等）。这样的近似对于很多物理的、机械的、经济的和其他的实际过程都十分适合。其原因在于，各种初始扰动项能够迅速被实际过程所覆盖，而且也可能在一个过程模型中被排除。

例如：抛向空中的球的轨迹通常取决于球的质量、速度向量及外部条件（如风等因素）。然而，一个完整的关于掷球的精确模型却不得不将球的大小和形状也考虑进去（还有抛球者手指的位置等条件）。

下一节将更为详细地讨论微分动态模型。

1.4　可控动力系统模型

本书的重点是在连续变化的时间 t 内的动力系统（dynamical systems，DS）的确定型模型。我们要从广义的角度去理解动力系统概念（将其视为一个内部系统，系统有记忆功能等），而不是从其狭义的角度（仅作为动态系统）来看。描述此类动力系统的传统数学工具是微分方程和积分方程。

我们经常会提到"控制"一词，它是纯粹数学意义上的概念，对应一个控制函数或是控制函数的一个集合。

1.4.1　动力系统微分模型

用 $u(t)$ 和 $x(t)$ 分别代表动态系统的输入信号和输出信号，其中 t 是时间，见图 1—5。假定 $u=(u_1, u_2, \cdots, u_m)$ 是一个 m 维向量，而

$x=(x_1,x_2,\cdots,x_n)$ 是一个 n 维向量。

输入信号 $u(\tau),\tau\leq t$ → 动力系统 → 输出信号 $x(t)$

图 1—5 动力系统框图

一个线性动力系统常由下列一阶常微分方程组（system of ordinary differential equations，ODE）表达：

$$\mathrm{d}x/\mathrm{d}t=A(t)x+G(t)u \tag{1.8}$$

其中 A 和 G 是相应维数的矩阵或是一个 n 阶常微分方程对应的矩阵：

$$a_n(t)x^{(n)}+\cdots+a_1(t)x^{(1)}+a_0(t)x$$
$$=b_m(t)u^{(m)}+\cdots+b_1(t)u^{(1)}+b_0(t)u \tag{1.9}$$

如果动力系统中的参数是常数（即静态动力系统），那么模型（1.8）和模型（1.9）中的系数就不依赖于 t（特别地，$A(t)=A$，$G(t)=G$）。

常微分方程组（1.8）的精确解析解形式如下：

$$x(t)=\Phi(t,t_0)x(t_0)+\int_{t_0}^{t}\Phi(t,\tau)G(\tau)u(\tau)\mathrm{d}\tau, \tag{1.10}$$

其中所谓的转移矩阵 $\Phi(t,\tau)$ 由微分方程 $\partial\Phi(t,\tau)/\partial t=A(t)\Phi(t,\tau)$ 定义，且 $\Phi(t,\tau)=E$ 是单位矩阵。

非线性动力系统由非线性常微分方程组表达：

$$\mathrm{d}x/\mathrm{d}t=F(t,x,u), \tag{1.11}$$

F 是 n 维函数，其变量个数为 $n+m+1$，它们是 t，x_1，x_2，$\cdots$，x_n，u_1，u_2，$\cdots$，u_m。在大多数情况下，人们无法确定非线性常微分方程的一个精确解，而且它们的求解过程还需要用到近似方法和计算机。

线性模型式（1.8）和非线性模型式（1.11）被广泛应用于后面介绍的经济和生态系统中的过程（参见第 2～4，7，10，12 章）。

环境污染传播的建模需要用到空间变量以及时间 t。这类问题更为复杂，一般使用偏微分方程组来表达，模型的简单形式将在第 8、9 章和 7.2.4 节、7.3.1 节中都有介绍。

经济—生态系统建模常常需要联合常微分方程组描述表达的经济（技术）控制中的"基点"问题和污染传播预测中的空间分布问题（参见第 12 章和 13 章）进行综合研究。

1.4.2　动力系统的显性积分模型

在自动控制理论中，经常运用一个具有显性联系的积分模型来明确动力系统中输入信号和输出信号之间的关系。因此，任意一个有限维数的线性动力系统可通过如下积分模型来表达：

$$x(t) = \int_{-\infty}^{t} K(t,\tau) u(\tau) d\tau, \qquad (1.12)$$

其中 $K(t, \tau)$ 是动力系统中的单位脉冲响应（unit impulse response, UIR）。

如果对于所有的 $t-\tau > 0$，都有 $K(t, \tau) \neq 0$，则称动态系统是带有无限记忆的动力系统。在 5.1 节中，非线性积分模型式（1.12）用于表示经济系统中的技术革新。

实际上，动力系统的输出信号 $x(t)$ 依赖于输入信号 $u(\tau)$，$u(\tau)$ 的所有瞬时时刻 τ 距离时刻 t 的最大时间间隔是 $T > 0$，即对于所有的 $t-\tau > T$，都有 $K(t, \tau) \equiv 0$。在这种情况下，我们称动力系统是带有有限记忆的动力系统，其模型如下：

$$x(t) = \int_{t-T}^{t} K(t,\tau) u(\tau) d\tau。 \qquad (1.13)$$

在 7.4.2 节中用此类模型描述生态种群的年龄结构。

当动力系统过去的状态 $u(\tau)$，$\tau < t$ 的后果能够持续影响到动力系统的未来演化时，其积分模型就需要考虑到滞后因素（持续力、聚集度、遗传效应等）。不过，这些效果不能用常微分方程来表达（例如：ODE 式（1.9）中的解仅依赖于初始状态 $x(t_0)$)，积分模型（1.13）中的 T 值被称为滞后持续期或 DS 记忆。

就构成法而言，持续时间为弹性的积分模型式（1.12）（x，u 为变形）是在 19 世纪由 Boltzman 引入的。Vito Volterra 发展了 Boltzman 的理论，并引入"滞后"这一概念以方便应用于其他领域，特别是生态领域。一般来讲，"滞后"被定义成一个任意的非线性函数 $u(\tau)$，$-\infty < \tau \leqslant t$。

当 $t < 0$ 时，DS 是不存在的。当 $\tau \leqslant 0$ 时，$u(\tau) \equiv 0$，动力系统模型如下：

$$x(t) = \int_0^t K(t,\tau) u(\tau) \mathrm{d}\tau 。 \qquad (1.14)$$

如果动力系统是静态的，那么在输入的瞬时时刻 τ：$K(t, \tau) = K(t-\tau)$ 之后，输出信号 $x(t)$ 仅取决于间隔 $t-\tau$。静态动力系统的动态性原则通过传递函数和 DS 的固有频率响应进行有效表达，它们分别代表单位脉冲响应中的 Fourier 变换和 Laplace 变换。不过，在非静态动力系统中，这种方法应用起来难度很大，而动力系统的主要特性就是单位脉冲响应。

可用积分模型式（1.12）～式（1.14）描述单变量动力系统和多变量动力系统，第二种情况中，$x(t)$ 和 $u(\tau)$ 都是向量函数，$K(t, \tau)$ 对应一个矩阵函数（参见 1.4.1 节）。

多维动力系统的研究则需要对积分模型式（1.12）～式（1.14）从一元积分到多元积分分别进行考察。

1.4.3 隐性积分模型

假设已知动力系统的结构及其元素特征（这在经济和技术系统中是常见的），通过动力系统结构，我们能够了解动力系统因素与其强度之间的一系列关系，那么用这样的线性关系去定义线性动力系统的结构关系就显得比较合理。

$$u(t) = Y(t)x(t) + u_0(t) 。 \qquad (1.15)$$

如果这些关系是非线性的，那么可用式（1.15）的一次近似法来定义这些关系。耦合类型和强度由矩阵 $Y(t) = \{y_{ij}(t)\}$ 确定。若 $y_{ij}(t) \neq 0$,

则在动力系统中有输出响应 i 的反馈（当 $y_{ij}(t) > 0$ 时为正，当 $y_{ij}(t) < 0$ 时为负）。若动力系统中没有主动性元素（如在经济领域），那么对于所有的 i, j，都有 $|y_{ij}(t)| \leqslant 1$。不同类型的动力系统结构关系，可通过选择不同的 $y_{ij}(t)$ 来表达，尤其是动力系统各元素中的并联和串联。

用式（1.15）替换一个显性积分模型，例如替换式（1.14）中的对应部分，我们将得到如下线性动态系统的隐性积分模型：

$$x(t) = \int_0^t K(t,\tau)Y(\tau)x(\tau)\mathrm{d}\tau + f_0(t), \qquad (1.16)$$

其中 $f_0(t) = \int_0^{t_0} K(t,\tau)u_0(\tau)\mathrm{d}\tau$ 是给定的动力系统输入信号。

从显性积分模型（1.12）中，我们也可以得到隐性积分模型（1.16），其中 $f(t) = f_0(t) + \varphi(t,0)$。这里，函数

$$\varphi(t,0) = \int_{-\infty}^0 K(t,\tau)[Y(\tau)x(\tau) + u_0(\tau)]\mathrm{d}\tau$$

表示在时刻 $t = 0$ 之前动力系统的原始状态对输出信号 $x(t)$ 在当前时刻 t 的影响。

模型（1.16）代表关于输出信号 $x(t)$ 的第二类 Volterra 积分方程系（VIEs）。当从一个显性积分模型"投入—产出"转移到隐性模型（1.12）时，上述方程是由单位脉冲响应所定义的问题变形而来。如果输出信号 $x_i(t)$ 部分已知，矩阵 $Y(t)$ 中的部分元素 $y_{ij}(t)$ 也已知，那么我们可以得到第一类、第二类 Volterra 方程的混合系统。如果未知函数的个数超过方程组（1.16）中函数的个数，那么可以通过引入某些优化标准来解决问题，即将积分模型（1.16）转化为优化问题（最优控制问题）。

1.4.4 带有可变记忆的动力系统积分模型

在式（1.12）~式（1.14）的积分模型中，如果用 $a(t)$ 代表积分下限，那么我们会得到有关这些模型的统一数学表达式：

$$x(t) = \int_{a(t)}^{t} K(t,\tau)u(\tau)\mathrm{d}\tau, a(t) < t, \qquad (1.17)$$

其中 $a(t) = \{-\infty,\ t-T,\ 0\}$。

对于非静态动力系统，函数 $a(t)$ 是任意的：$-\infty < a(t) < t$。并且，为了经济上的应用，此函数可以是一个未知控制量，那么模型 (1.17) 可看作是带有可变（或可控制的）记忆的积分模型。

在第 5、6、13 章中，这些模型用于描述经济和经济—生态系统 (EES) 中的革新过程。

如对本章加以总结，我们更愿意强调数学模型的相似性，这些模型将被用于描述各种经济的和生态的过程和系统。综上有如下内容：

- Verhulst-Pearl 模型和 Lotka-Volterra 模型用于描述生态种群动态变化（参见 7.1.2 节和 7.2.1 节）与革新过程（参见 3.5 节）。
- 演进方程描述种群年龄结构（参见 7.3.1 节）与生产系统中的设备更新（参见 5.5 节）。
- 扩散方程描述个体迁移（参见 7.2.4 节），空气和水介质中的污染传播（参见第 8、9 章），以及技术革新传播（参见 3.5 节）。

总之，在生物过程和经济过程之间存在着很大程度上的相似性，该相似性有利于这些领域中数学建模方法的发展。

经济、生态与环境科学中的数学模型

第1部分

经济系统控制模型

应用数学模型可根据不同特点进行分类，比如选用的数学工具、建模技巧、研究目标以及所研究实际系统的复杂性等。

常见的经济数学模型有：确定型和随机型，连续型和离散型，静态型和动态型，计量经济模型和现象学模型，线性和非线性，多部门和少部门（综合型）以及经济增长模型和经济均衡模型等。在本书中，我们主要集中关注经济增长和发展中的确定型模型。

根据研究的实际经济要素（一个经济系统实际过程中的各个因素）的细化程度，我们将对模型进行分类，并重点突出下列经济—数学模型：

- **数理经济学中的综合（少部门的）模型。**该模型描述几个（2～10个）广义齐次（同质的）经济指标。这些模型反映了经济系统中的非线性交互联系并使用生产函数。本书第2、3章中会有所介绍（模型的经济—生态模拟将在第10、11章讲述和分析）。
- **经济动态学的多部门模型。**该模型将来源于不同的工业分支中的各种瞬时输出量和最终输出量考虑进来（模型带有非综合的生产输出）。由于存在大量的输出，所以此类模型仅描述了不同分支间的线性关系（至今还没有形成一个被普遍接受的非线性多部门模型理论）。在第4章中对线性多部门模型将给予简单介绍（第11章介绍该模型的经济—生态模拟）。
- **演化（发展中）经济学模型。**该模型关注可分解型的（非齐次的）生产资源（包括固定资产，采用的一系列技术、资本设备、劳动力等）及其相关方程。这些模型使用偏微分方程和积分方程（在连续的时间区域内）或者它们的离散模拟。本书主要集中讨论一个著名的例子：技术进步模型。这些模型（尤其是它们的特殊类型——技术生存期型控制模型）在第5、6章中将得到进一步的分析（第12章将讨论该模型的经济—生态模拟）。

第2章 经济动态学综合模型

经济—数学的综合模型基于生产函数的概念而构建。本章的第 1 节将全面介绍生产函数，而剩余部分则主要分析著名的经济动态学模型——Solow 模型及其修正。

2.1 生产函数及其类型

定义：生产函数满足如下关系：

$$y=(x_1,\cdots,x_n),$$

其中，y 是产量；x_i，$i=1,\cdots,n$ 是资源（生产要素），包括劳动力、资本、固定资产、材料使用、能源消耗、原材料、自然资源（土地，水，材料）及其他。

这里假设产量 y 和资源 x_i 是同质的，例如：劳动力是指生产意义上的工人数量。

2.1.1 生产函数的性质

一般地，生产函数具有如下性质：

1. 如果一种 $x_i=0$，那么 $y=0$（即使缺少一种资源投入，也不会有任何产出）。

2. $\partial f/\partial x_i \geqslant 0$（若增加一种资源的投入，则产量也会增加）。

3. 海塞矩阵

$$H = \begin{bmatrix} \partial^2 f/\partial x_1^2 & \cdots & \partial^2 f/\partial x_1 \partial x_n \\ \cdots & \cdots & \cdots \\ \partial^2 f/\partial x_n \partial x_1 & \cdots & \partial^2 f/\partial x_n^2 \end{bmatrix}$$

是非正定性的（若只增加资源 x_i 的投入，而其他资源 $x_j=0$，$j\neq i$ 保持不变，则资源 x_i 的使用有效性将会减低）。

4. $f(x)$ 是 γ 次齐次函数，即：

$$f(tX) = t^{\gamma} f(X), \quad t \in R^1, \quad t>1, \quad X=(x_1,\cdots,x_n)。$$

通常情况下，$\gamma=1$，即函数 $f(x)$ 是线性齐次的，即 $f(tX)=tf(X)$，说明产量随着资源的投入量增加而递增（生产规模报酬不变）。当 $\gamma=1$ 时，性质 3（矩阵 H 非正定）可简写成：

$$\partial^2 f/\partial x_i^2 \leqslant 0, \quad i=1,\cdots,n。$$

2.1.2 生产函数的基本特征

第 i 种资源的**平均产量** $f(X)/x_i$，$i=1,\cdots,n$，是指消耗每单位该种资源所能获得的相应产量。

边际产量 $\partial f/\partial x_i$ 是指每增加一单位第 i 种资源所能获得的产量

增量。

等产量线是指对应于同一产出水平 y 的一个点集 $(x_1, \cdots, x_n)$。沿着等产量线，函数 $f(X)$ 的微分等于零，即

$$\sum_{i=1}^{n} (\partial f/\partial x_i) \mathrm{d}x_i = 0$$

边际技术替代率 $h_{ij} = (\partial f/\partial x_i)/(\partial f/\partial x_j)$ 表示在维持产量水平 y 不变的前提下，每替换 1 单位第 i 种资源，所需第 j 种资源的数量。易见所有的 $h_{ij} < 0$，因为若减少一种资源时，则应该增加其他资源。

产出弹性

$$\varepsilon_i(X) = (\partial f(X)/\partial x_i) \times (x_i/f(X)) = \partial \ln f(X)/\partial \ln x_i$$

是产出增加的百分比变动与所对应的第 i 种资源投入的百分比变动的比率（或者第 i 种资源的边际产量与平均投入的百分比变动比率）。

总产出弹性 $\varepsilon(X) = \sum \varepsilon_i(X)$ 是在一定生产规模扩张条件下的产出变化指数。对于齐次生产函数有 $\varepsilon(X) = \gamma$（参见上面性质 4）。

资源替代弹性等于第 i 种和第 j 种资源投入比率变动的百分比除以它们对应的产量比率变动的百分比：

$$\sigma_{ij} = \frac{\mathrm{d}(x_i/x_j)}{\mathrm{d}h_{ij}} \times \frac{h_{ij}}{x_i/x_j} = \frac{\mathrm{d}\ln(x_i/x_j)}{\mathrm{d}\ln(-h_{ij})}。$$

最后一个特征表明，为改变边际技术替代率的一个百分比，相应资源比率的百分比变化应该沿着等产量线运动。当 $\sigma_{ij} = \infty$ 时，资源 i 和 j 之间可以完全互相替代；当 $\sigma_{ij} = 0$ 时，它们完全不可互相替代。大多数生产函数都具备这个特征。该特征也可以用来区分和挑选不同类型的生产函数（如后面两小节所述）。

2.1.3 生产函数的主要类型

以后，我们会经常使用如下定义。

定义：函数 $f(t)$ 的增长率为 $r(t) = f'(t)/f(t)$，若 $r(t)$ 是常数 C，

则 $f(t)=C\exp(rt)$。下面着重介绍几种生产函数：
- 线性生产函数：

$$y = a_1 x_1 + \cdots + a_n x_n \tag{2.1}$$

有如下性质：$\partial f/\partial x_i = a_i$，$h_{ij} = -a_j/a_i = C$，$\varepsilon = 1$，$\sigma_{ij} = \infty$，$i,j = 1,\cdots,n$，$C$ 是常数。

（所有资源都是完全可以互相替代的。）

- Cobb-Douglas 生产函数：

$$y = A x_1^{a_1} \times \cdots \times x_n^{a_n} \tag{2.2}$$

有如下性质：

$\partial f/\partial x_1 = \alpha_i(y/x_i)$，$h_{ij} = -\alpha_j x_i/\alpha_i x_j$，$\varepsilon_i = \alpha_i$，$\varepsilon = \alpha_1 + \cdots + \alpha_n$，$\sigma_{ij} = 1$，$i,j = 1,\cdots,n$，

（即所有资源的替代弹性均为1）。

对式（2.2）两边同时取对数，可得公式：

$$\ln y = \ln A + \sum_{i=1}^{n} \alpha_i \ln x_i,$$

对上式两端再同时求导得：$y'/y = \alpha_1(x_1'/x_1) + \cdots + \alpha_n(x_n'/x_n)$，这说明产出增长率线性依赖于所使用资源的增长率。

- 固定投入比例的生产函数：

$$y = A\min(x_1,\cdots,x_n) \tag{2.3}$$

有如下性质：

$$h_{ij} = \begin{cases} 0, & x_j > x_i, \\ -\infty, & x_j < x_i, \end{cases} \quad \varepsilon = 1, \sigma_{ij} = 0, \quad i,j = 1,\cdots,n$$

即：所有资源的替代弹性都是 0（所有资源都不可互相替代）。此种生产函数也称为零替代弹性生产函数、分段线性函数和 Leontief 生产函数。

- 固定替代弹性生产函数

$$y = A[\beta_1 x_1^{-\rho} + \cdots + \beta_n x_n^{-\rho}]^{-\gamma/\rho} \tag{2.4}$$

有如下性质：

$$h_{ij}=-(\beta_j/\beta_i)(x_j/x_i)^{1+\rho}, \varepsilon=\gamma, \sigma_{ij}=1/(1+\rho), i,j=1,\cdots,n$$

即资源替代弹性是不同的常数，固定替代弹性生产函数通常是指 Solow 生产函数。

上面的固定替代弹性生产函数是应用最为广泛的生产函数，当 $\rho\to 1$ 时，生产函数为线性生产函数；当 $\rho\to 0$ 时，生产函数是 Cobb-Douglas 生产函数；当 $\rho\to\infty$ 时，生产函数是固定投入比例的生产函数。

Cobb-Douglas 生产函数和固定替代弹性生产函数经常用在少部门的经济数学综合模型中（参见 2.2～2.4，3.3，3.4 和 10.2 节），而固定比例投入的生产函数常应用于多部门模型中，并且由它决定不同生产分支中技术的固定集合（参见第 4 章和第 10 章）。

2.1.4 两要素生产函数

两要素生产函数中最为普遍的使用形式为：

$$Q=F(K,L), \tag{2.5}$$

其中 Q 是产量，K 是固定资产量（资本），L 是劳动力（人力）。此类生产函数的特点是边际技术替代率 $h_{12}=h$ 以及资源的替代弹性值 $\sigma_{12}=\sigma$ 都是单值的。

假定 $Q=F(tK,tL)=tF(K,L)$，$t>0$，Q 为线性齐次函数（产出与生产规模的扩张成比例，见前面性质 4），那么 $Q=F(K/L,1)L$ 与式（2.5）的生产函数可写成：

$$\beta=f(\lambda)(f(\lambda)=F(\lambda,1)), \tag{2.6}$$

其中 $\beta=Q/L$ 是生产率，$\lambda=K/L$ 是资本劳动比率。

因此，生产函数的性质 1～3 可以变形为：

$$f(0)=0, \quad \partial f/\partial\lambda>0, \quad \partial^2 f/\partial\lambda^2\leq 0.$$

这样的形式更利于分析和说明（参见图 2—1），而且，前面介绍的各基本生产函数类型可用如下形式表达：

2.1.4.1 两要素 Cobb-Douglas 生产函数

$Q=Q_0(K/K_0)^\alpha(L/L_0)^{1-\alpha}$ 或 $\beta=f(\lambda)=\beta_0(\lambda/\lambda_0)^\alpha$，$0<\alpha<1$，

这里边际技术替代率是 $h=-(1-\alpha)/\alpha\lambda$，产出弹性是 $\varepsilon=\alpha$，资源代替弹性是 $\sigma=1$。Cobb-Douglas 生产函数的缺陷是当 $x\to\infty$ 时，$\lim f(x)=\infty$，即如果资本劳动率增加，则产出的增长无法确定（参见图 2—1）。

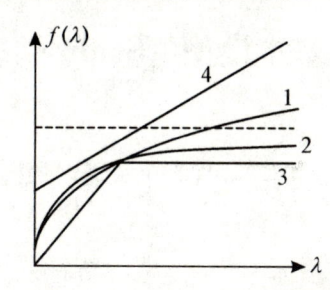

1. Cobb-Douglas 生产函数　2. 固定替代弹性生产函数
3. Leontief 生产函数　　　4. 线性生产函数

图 2—1　两要素生产函数的基本类型

2.1.4.2 两要素固定替代弹性生产函数：

$$Q=Q_0[\alpha(K/K_0)^{-\rho}+(1-\alpha)(L/L_0)^{-\rho}]^{-1/\rho}$$

或　　$(Q/Q_0)^{-\rho}=\alpha(K/K_0)^{-\rho}+(1-\alpha)(L/L_0)^{-\rho}$

或　　$\beta=\beta_0[\alpha(\lambda/\lambda_0)^{-\rho}+(1-\alpha)]^{-1/\rho}$。

并设　$h=-(1-\alpha)(\lambda/\lambda_0)^{-\rho}/\alpha\lambda$，　$\sigma=1/(1+\rho)$。

在图 2—1 中，该函数存在一条水平渐近线，可见，这一生产函数消除了前面提到的 Cobb-Douglas 生产函数的缺陷。另外，当 $\rho\to0$ 时，仍可得到 Cobb-Douglas 生产函数。

2.1.4.3 两要素固定投入比例的生产函数（Leontief 生产函数）：

$Q=Q_0\min\{K/K_0, L/L_0\}$ 或 $y=y_0\min\{\lambda/\lambda_0, 1\}$，

其中：当 $\lambda>\lambda_0$ 时，$h=-\infty$；当 $\lambda<\lambda_0$，$\sigma=0$ 时，$h=0$。当 $\rho\to-\infty$ 时，该生产函数也可由两要素固定替代弹性生产函数中推出。这种生产函数假设资本劳动率 λ 存在唯一的合理值 λ_0，使得当 $\lambda>\lambda_0$ 时，任何额外的资本都没有意义；而当 $\lambda<\lambda_0$ 时，会出现部分劳动力闲置的状况。

2.1.4.4 两要素线性生产函数：
$$Q = \alpha_1 K + \alpha_2 L \text{ 或 } \beta = \alpha_1 \lambda + \alpha_2,$$
其中 $h = -\alpha_2/\alpha_1 = C$，$\sigma = \infty$，$C$ 为任意常数（不过，在实际当中很少使用此类生产函数）。

2.2 经济动态学基本模型（Solow 模型）

即将讨论的模型是经济增长理论中最著名的模型之一，它也是后面许多问题的研究基础。

首先介绍一下经济指标：

Q：总产量，

C：消费品量，

S：生产累积量（总投资），

L：劳动力数量，

K：资本（固定资产）量。

投资率 $s = S/Q$（投资占总产量的比例）通常被看作模型中未知的控制变量。

Solow 模型由下面一系列方程给出：

$$Q = F(K, L) \tag{2.7}$$

（在每一时刻 t 处的产量 Q 由生产函数 $F(K, L)$ 决定）。

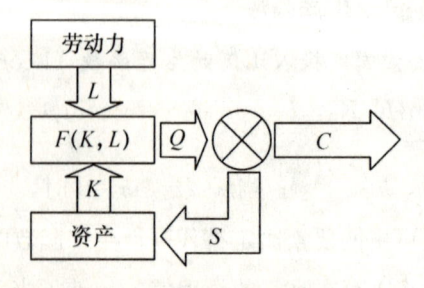

图 2—2 Solow 模型框图

$$Q=C+S \tag{2.8}$$

（总产量 Q 在消费品量 C 和投资量 S 之间进行分配）。

$$S=sQ, \quad 0<s<1, \quad s \text{ 是常数} \tag{2.9}$$

$$dK/dt=S-\mu K, \quad 0<\mu<1, \quad \mu \text{ 是常数} \tag{2.10}$$

（μ 表示损耗率）。

$$dL/dt=\eta L, \eta \text{ 为常数} \tag{2.11}$$

（η 是劳动力的相对变化率）。

2.2.1 Solow 模型分析

1. 假设生产函数是线性齐次函数，$F(K, L)=Lf(\lambda)$（其中是 $\lambda=K/L$ 是资本劳动率），那么模型（2.7）~（2.11）可以简写成一个关于 λ 的自治微分方程（不显著依赖于 t）：

$$d\lambda/dt=sf(\lambda)-\eta\lambda。 \tag{2.12}$$

2. 平衡增长机制分析：当 $d\lambda/dt=0$ 时，式（2.12）变为 $sf(\lambda)=\eta\lambda$，从而对任意给定的值 s，都可得唯一解 $\lambda=C$，C 是常数。λ 代表一个稳态均衡状态、一条静态路径。

3. 优化：假定值 s^* 是一个常数，对应的静态路径 λ^* 也是常数，它们使得人均消费品产量 $c=C/L$ 最大，即：

$$\max c(\lambda(s)),$$

而 $c=C/K/L$ 由公式 $c(\lambda)=sf(\lambda)-\eta\lambda$ 确定。从条件

$$d[f(\lambda)-\eta\lambda]/ds=[df/d\lambda-\eta]d\lambda/ds=0$$

中可以得出函数 $c(\lambda(s))$ 的极值。这样，通过 $f'(\lambda^*)=\eta$ 能够求出最优路径 λ^*。接下来再考察前面第 2 步中的 $sf(\lambda)=\eta\lambda$，则有：

$$s=\eta\lambda/f(\lambda)=f'(\lambda)\lambda/f(\lambda)=\alpha,$$

即投资率等于产出弹性（参见 2.1 节）。最后一个公式被称为经济增长

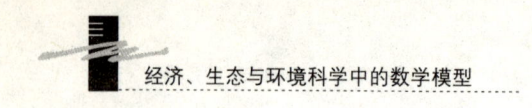

的黄金定律。

4. 最优产量为 $Q(t)=f(\lambda^*)L_0\exp(\eta t)$，并且 $C(t)$，$S(t)$ 和 $K(t)$ 的增长率都是 η，可见 Solow 模型描述了经济增长的扩张机制。

2.3　Shell 模型的最优化分析

当 s 随时间 t 变化，即 $s=s(t)$ 时，则 Solow 模型中的式（2.7）～式（2.11）就成为 Shell 模型。

2.3.1　Shell 模型分析

1. 模型（2.7）～（2.11）分析中的第一阶段和第二阶段的模拟结果证实了 Shell 模型，因为基本公式（2.12）是相同的。

2. 这个模型的优化将引出下列问题：

求解函数 $s(t)$，$0 \leqslant s(t) \leqslant 1$ 和对应的 $\lambda(t)$，$t \in [t_0, T]$，在一个预设的时间区间 $[t_0, T]$ 内，它们使得消费品总量 C 最大化：

$$I(s) = \int_{t_0}^{T} e^{-qt} C(t) dt \to \max \qquad (2.13)$$

约束条件：$\lambda(t_0)=\lambda_0$，$\lambda(T) \geqslant \lambda_T$，

其中 $q>0$，是折旧乘数，它表示在较远的时间 t 处，产量 $C(t)$ 的效用是递减的。

与上一小节不同，由模型（2.7）～（2.11）引发的问题（2.13）是一个最优控制问题，其未知变量是函数 $s(t)$，$t \in [t_0, T]$（s 不再仅仅是一个常数）。对它的分析十分复杂，而且需要较难的数学方法。下面的结果可以通过**庞特里亚金最大化原理**获得。

当给定 $\lambda_0 < \lambda^* < \lambda_T$ 时，问题（2.7）～（2.11）和（2.13）中的优化解 $s(t)$，$\lambda(t)$，$t \in [t_0, T]$ 可通过图 2—3 表示出来，其中 λ^* 可由方程 $f'(\lambda)=\eta+q$ 求得解。若 $q=0$，则最优投资率是常数，即 $s(t) \equiv s^*$，并且与 Solow 模型中的最优静态路径 s^* 相吻合。路径中的一部分 $[\theta_1$，

θ_2]对应于大道机制,而且最强形式的大道定理也证明了这一优化问题(第 4 章将详细介绍大道的概念及其性质)。

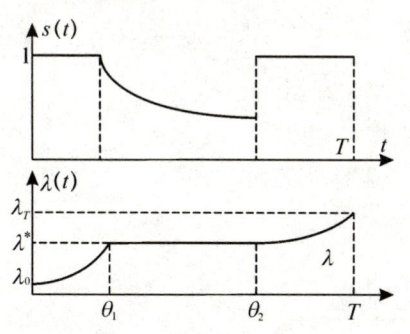

图 2—3 Shell 模型的最优路径

2.4 可更新劳动力资源的综合模型

此模型是 Solow 模型（2.7）～（2.11）的一个修正。

除了 Solow 模型中已知的综合指数 Q，C，S，K，L 之外,再增加一个新的参数:劳动力的总投资 E,它用于劳动力的再生产(如公众健康、教育、职业培训等)。

再考虑 $s_1 = S/Q$ 以及总产出 Q 中用于劳动力的投资部分 $s_2 = E/Q$，将 s_1，s_2 看作是模型中两个独立的未知控制变量,则模型变成:

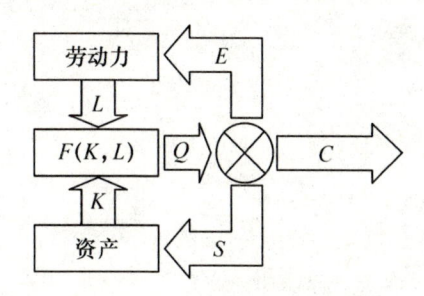

图 2—4 可更新劳动力资源的单部门模型框架图

$$Q = F(K, L) \tag{2.14}$$

$$Q = C + S + E \tag{2.15}$$

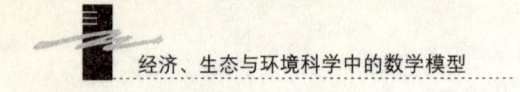

$$S=s_1Q, E=s_2Q, s_1, s_2<1, s_i>0 \text{ 是常数}, i=1,2 \qquad (2.16)$$
$$dK/dt=S-\mu K, 0<\mu<1, \mu \text{ 是常数} \qquad (2.17)$$
$$dL/dt=E-\eta L, \eta \text{ 为常数} \qquad (2.18)$$

2.4.1 模型分析

1. 如同 Solow 模型，模型 (2.14) ～ (2.18) 可化简为如下的一个自治微分方程：

$$d\lambda/dt=\lambda[s_1F(1,1/\lambda)-s_2F(\lambda,1)-\mu+\eta]。 \qquad (2.19)$$

2. 平衡增长机制分析：若 $s_2F(\infty,1)<\mu-\eta<s_1F(1,\infty)$，那么对于给定的 $s_i=C, i=1, 2, C$ 是常数，方程 (2.19) 存在一个唯一的稳态均衡状态 λ，λ 是常数（也是方程的一条静态路径）。

3. 优化：求出最优解 s_i^*，s_i^* 为常数，$i=1, 2$（对应的静态路径是 λ^*，λ^* 是常数），它们使得经济增长率 $r(\lambda)$ 能在 λ 处取得最大值：

$$r(\lambda)=Q'/Q=K'/K=L'/L; \max r[r(\lambda)]。$$

上式说明最优路径 λ^* 存在且唯一。同时，沿着最优路径，根据对应的总投资和劳动力边际产量，可以确定它们的分布。这种分布也类似于经济增长中的黄金律（参见 2.2 节）。

第3章 技术进步模型

数理经济学中的技术进步（technological change，TC）被认为是在没有增加资源投入的前提下，促使产出增加的各种因素的综合。技术进步这一概念也包括各种生产管理方法的改进。

本章将分析技术进步模型中几个基本的发展方向和引入技术进步的几种经济动态学综合模型。

3.1 技术进步的基本模型

技术进步有四个基本发展方向：

1. **"自主型"（外生的）技术进步**。技术进步是从经济系统外部引入的。

2. **"物化型"技术进步**。技术进步是以更有效的新设备或素质更高的劳动力的形式引入系统的。

3. **"导出型"技术进步**。假设技术进步与经济的一个前期发展有关，并且是这种发展的结果。

4. **技术进步被看成是"工业的一个独立分支"**（它的产品即技术进步）。

根据这些方向，以及技术进步出现的原因和产生效果的不同理解，我们可以得出不同的模型。

3.1.1 "自主型"技术进步

在"自主型"技术进步的方法框架中，并没有给出影响技术进步动态变化的要素分析，因此，这种方法是外生的。同时假设资源使用效率的增长独立于资本投资和劳动力的动态变化。除此之外，没有揭示技术进步和经济增长之间的回馈机制，即技术进步被认为是一个脱离实际的、无成本的和无法控制的过程。这种描述技术进步的方法是在"一无所知"情况下的一种折中解决。不过，由于其简单从而得到了最广泛的传播。"自主型"技术进步的一些具体模型参见3.2节和3.3节。

3.1.2 "物化型"技术进步

"物化型"技术进步模型在技术进步动态变化和资本投资之间建立了一种关联。本模型也考虑到了现有技术进步中生产因素的异质性，可以让我们控制技术经济指标较低的陈旧因素的清除（或减少），在原材料和人力资源短缺的条件下，这是提高经济系统功能效率的一个有力手段。描述此类模型常常使用积分或偏微分方程，参见第5、6和13章。然而，在传统的"物化型"技术进步模型中，改进设备和提高要素效率也由一种外部的关于时间的函数给出。所以，"物化型"技术进步也是一个外生的技术进步，技术进步的缘由仍不明确。为解释技术进步的原因和起源，便引入了以下外生的技术进步模型（第3和第4种方法）。

3.1.3 "导出型"技术进步

"导出型"技术进步的基础是技术进步动态学与一些经济指标（通常是综合性的）之间关系的各种假设。常见的经济指标有资本投资、创新、知识积累等。

"导出型"技术进步的一个简单常见的假设表明，通用的技术进步要素是资本投资，也就是在总平均产量和总投资之间存在一个非线性关系。然而该假设不能解释发展科学所需的目的性导向支出。另一个例子（Arrow假设）说明获取技术性知识（学习）的激励来源于新型资本设备的创新。其结果是，最新资本的效率取决于投资和革新。在这种情况下，有必要根据生产阶段对应的投资水平来区分资本的不同阶段。

3.1.4 作为独立生产分支的技术进步

作为独立生产分支的技术进步模型是描述经济发展的分析方法。即使在考虑一个中等规模的经济系统时，它的技术进步大多数也是形成于系统内部（如R&D投资政策、办公室设计、实验性生产等）。考虑到技术进步的重要性，其相应的经济—数学模型必须提供一个独立的技术进步模块，该模块具备自己的输入量和输出量。

3.2 自主型技术进步及其类型

自主型技术进步通过动态生产函数式（3.1）来描述：

$$Q = F(K, L, t), \tag{3.1}$$

该函数明显依赖于时间 t，并且 $\mathrm{d}F/\mathrm{d}t>0$。可见，自主型技术进步相当于生产函数随时间 t 而递增。

自主型技术进步包括三种特殊类型，分别代表公式（3.1）的不同情况：

- **Hicks 中性技术进步或等加性技术进步：**

$$Q=A(t)F(K,L), \mathrm{d}A/\mathrm{d}t>0,$$

其中 K 和 L 的利用效率同比例增长。这里的函数 $A(t)$ 用来衡量技术知识水平。

- **Harrod 中性技术进步或劳动增长型技术进步：**

$$Q=F(K, A(t)L), \mathrm{d}A/\mathrm{d}t>0,$$

它随劳动力 L 递增。

- **Solow 中性技术进步或资本增长型技术进步：**

$$Q=F(A(t)K, L), \mathrm{d}A/\mathrm{d}t>0,$$

它随资本量 K 递增。

上述 3 种技术进步中性意味着生产函数中的某些参数（在 2.1 小节有介绍）之间的确定性关系不依赖于时间 t。

- **Hicks 中性**意味着边际技术替代率 $h=\phi(\lambda)$ 是资本劳动率 $\lambda=K/L$ 的函数，它与 t 无关。
- **Harrod 中性**意味着资本的边际产出 $\partial F/\partial K=f$ 是一个函数，即 $\partial F/\partial K=\varphi(f/\lambda)$，它与 t 无关。
- **Solow 中性**意味着劳动的边际产出 $\partial F/\partial L$ 是一个函数，即 $\partial F/\partial L=\chi(Q/L)$，它也与 t 无关。

易见这三种技术进步类型相当于自主型技术进步的 Cobb-Douglas 生产函数：

$$F(K,L,t)=A(t)K^{\alpha}L^{1-\alpha},$$

也就是说，通过这个函数可以同时描述自主型技术进步的三种情况：Hicks 中性、Harrod 中性和 Solow 中性。指数形式的自主型技术进步可写为：

$$F(K, L, t) = e^{pt} K^\alpha L^{1-\alpha},$$

此式也被称作 **Cobb-Douglas-Tinbergen** 生产函数。

自主型技术进步主要缺点是：在一个静态生产函数 $Q = F(K, L)$ 中，变量 K 表示相同类型设备的数量，L 是相同素质工人的数量。而如果 $dF/dt > 0$，那么在不同时间投入的设备就不能再被认为是相同类型的。考虑到这个因素，就有必要考察物化型技术进步的方法（见 3.1.2 节）。物化型技术进步模型将在第 5 章介绍。

3.3 自主型技术进步的 Solow 模型和 Shell 模型

尽管这两个模型是 Solow 模型 (2.7)～(2.11) 的修正，但它们却有着大量新的定性性质。讨论如下：

3.3.1 自主型技术进步的 Solow 模型

用等式 $Q = F(K, L, t)$ 替代 Solow 模型 (2.7)～(2.11) 中的式 (2.7)，而其他等式保持不变，便可得到所要研究的模型。

模型元素分析：

我们知道，若使得模型中存在一条静态路径以及经济增长理论中的黄金定律成立，其充分必要条件是（参见 2.2 节）：

$$Q = F(K, e^{pt} L),$$

该生产函数反映了 p 为常数时的 Harrod 中性技术进步。

这种情况下，若引入资本"有效劳动"率 $\bar{\lambda} = K/(e^{pt} L)$，则方程 (2.12) 变形为：

$$d\bar{\lambda}/dt = s f(\bar{\lambda}) - (\eta + p)\bar{\lambda}.$$

而 2.2 节中关于 Solow 模型的所有条件仍然成立。沿着静态路径，$K/$

($e^{pt}L$) 和 $Q/(e^{pt}L)$ 保持不变，$\lambda=K/L$，$y=Q/L$ 和 $c=C/L$ 以相同变化率 p 随 t 递增，而 $Q(t)$，$C(t)$，$K(t)$ 的变化率是 $\eta+p$。

3.3.2 自主型技术进步的 Shell 模型（Ramsey 模型）

用等式 $Q=e^{pt}F(K,L)$ 替代 Solow 模型 (2.7)～(2.11) 中的式 (2.7)，而其他等式保持不变，便可得到所要研究的模型。

对该模型的优化分析显示，只在特殊情况下才会出现大道性质。也就是说，对于 Cobb-Douglas 生产函数 $F(K,L)=K^{\alpha}L^{1-\alpha}$，$0<\alpha<1$，如果 2.2 节中 Solow 模型定义的最优投资率 $s^*<1$，那么大道定理（见 4.5 节）就支持最优问题式 (2.17)。并且在这种情况下，对于区间 $[t_0,T]$ ($T-t_0>0$) 上的大部分区域，最优投资率 $s(t)$ 为常数，即等于 s^*，同时沿着大道路径，最优资本劳动率等于 $\lambda^*(t) \equiv \lambda^* = [e^{pt}/(p+\eta+q)]^{\alpha/(1-\alpha)}$。

3.4 单部门内生型技术进步的模型

该模型也是针对 Solow 模型 (2.7)～(2.11) 的一个修正。在 Solow 模型中，我们使用了如下综合经济指标：总产量 Q，消费品量 C 和累积生产量 S（投资）。

除此之外，在这里我们再增添一个新的指标变量：**革新 I**——为提高技术知识水平而产生的投入（如科学投入，技术进步投入等）。

建模步骤如下：假设在每一时刻 t，产量 Q 为：

$$Q=F(K,L,t), \tag{3.2}$$

Q 可分解成：

$$Q=C+I+S, S=s_1Q, I=s_2Q。 \tag{3.3}$$

假设技术进步的效率指标 $A(t)$ 的动态性可被描述成：

$$dA/dt=\tau I-\sigma A, \tag{3.4}$$

其中 τ 是科学有效性系数，σ 则代表科学管理及类似项目投入的系数。

假设劳动力资源 L 是内生的，则有：

$$dL/dt = \gamma C + \eta L, \gamma, \eta > 0, \quad (3.5)$$

其中 η 是劳动力自然增长系数，γ 是影响 L 的消费系数（为简单起见，假设它们之间呈线性关系）。

在前面的介绍中，μ 为资本 K 的损耗率，即有：

$$dK/dt = S - \mu K, \quad \mu > 0。\quad (3.6)$$

经济连接模型化框架如图 3—1 所示：

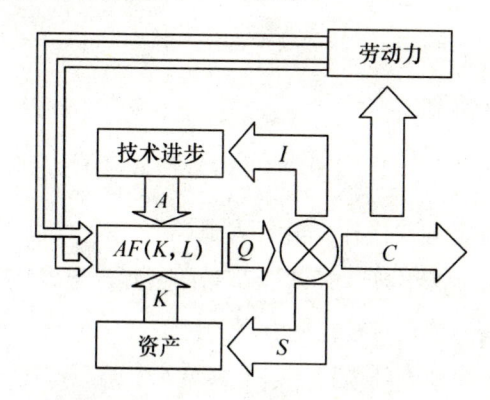

图 3—1　单部门内生型技术进步模型

3.4.1　模型的优化分析

假设投资率 $s_1(t) = S/Q$ 以及革新占总产量部分的比例 $s_2(t) = I/Q$ 均为未知控制变量，且它们满足关系：

$$s_1(t), s_2(t) > 0, s_1(t) + s_2(t) \leqslant 1, t \in [t_0, T]。$$

目标函数式（2.17）和边界条件与 Shell 模型（见 2.3 节）相同。

现在优化问题中有两个未知的独立函数，问题比原始的 Shell 模型还要复杂。模型最优路径中的定性行为也相应变得越发地不清晰。如果"科学有效性参数"τ 取较小的值，则使 $s_2(t) > 0$ 成立的时间间隔将趋近于无穷小；如果"科学有效性参数"τ 取较大的值，则使 $s_1(t) > 0$ 成立的时间间隔将变得更小。也就是说，在一般情况下，最优策略包含投资 S 或革新 I 的最大化，而无论它们中的哪一个显得更为有效。由于在模型式（3.2）~式（3.6）中不具备按比例发展的机制与大道性质，从而大大削弱了对模型的相位图的描述。

3.4.2 Moiseev 模型

再来考虑对 Moiseev 模型（3.2）~（3.6）的一个修正，用等式 $A=\delta(A,I)$ 替代方程（3.4）。假设劳动力资源 L 是外生的（即方程（3.5）中 $\gamma=0$），那么函数 $\delta(A,I)$ 的通用形式为：

$$\delta(A,I)=aI^c A^{-d}, \quad 0<c<1, \quad 0\leqslant d\leqslant 1.$$

但对于特殊情况：

$$s_1(t)+s_2(t)\equiv 1, \mu=0, A=\delta(I), F(K,L)=F_1(K)F_2(L)。$$

该模型满足大道定理。这样，沿着大道路径，等式 $\partial F/\partial K=\partial F/\partial I$ 成立，即资本的边际产出 $\partial F/\partial K$ 等于革新的边际产出 $\partial F/\partial I$。因此，在内生型技术进步模型中存在按比例发展的经济优化机制，而且该机制由经济增长中黄金定律模型的模拟决定（参见 2.2 节）。

3.5 技术革新模型

实现技术进步要经过一个革新的过程。如今，技术进步的研究主要与技术进步实施的机制有关。研究技术革新的方法包括替代模型、传播模型和演变模型，每种方法处理革新过程中的不同方面。

替代模型。在该模型中，革新过程被视作一个替代操作，即用一项新技术的产品或过程来替代一项旧技术的产品或过程。如后所述，这类简单模型与生物种群模型相似（参见第 7 章）。

传播模型。它描述的是革新过程，是一种新产品或技术从制造商到终端用户或使用者的推广。这类模型关注革新的传播和使用。传播过程通常被描述成相互影响的使用群体之间的一种关系,并由二维传播方程描述。此类模型将在后面的生态系统模型(参见7.2节)和污染传播模型(参见8.2节)中详细讨论。

大多数的替代模型和传播模型是确定型的。在一个确定型模型中,缺少革新过程的随机特征。为修正这一缺陷,需引入随机演化模型。

革新问题的演化包括自我组织演化模型的结构变动。在技术进步条件下,演化经济学模型发展了一种自我组织的分析方法(F. Englmann, 1992; G. Silverberg, 1987; G. Silverberg and D. henhent, 1993),该方法将新技术的扩散因素、多样性、学习机制以及和年龄相关的因素综合在一起,得到了一些有意义的结果(如演化长波的存在,低维噪声性质及其他)。

自我组织模型首次出现在生物演化研究中。渐渐地,在生物过程和技术过程之间出现了一个更为深层次的模拟,这对于技术进步的数学建模和相应的生物系统的数学建模都十分有帮助。

本节将关注替代模型问题中一些简单的确定型模型。替代被看作是使用新技术替代旧技术,并且仅仅考虑这新、旧两种技术。假设 N_i 是使用第 i 种技术的生产单元(公司、车间、企业等)的数量,$i=1, 2$。

3.5.1 Logistic 替代模型

Logistic 替代模型 (J. C. Fisher, R. H. Pry, 1971) 是得到最深入研究的替代模型之一。它的基本假设是:N_1 代表旧技术,N_2 代表新技术,新技术所占比例为 $f=N_2/(N_1+N_2)$,仍未被替代的旧技术(未来将被替代)所占比例为 $N_1/(N_1+N_2)$,并且 f 的瞬时增长率 f'/f 与 $N_1/(N_1+N_2)$ 对应成比例:

$$f'/f = kN_1/(N_1+N_2).$$

由此可得 Verhulst-Pearl 模型 (logistic 模型):

$$\mathrm{d}f/\mathrm{d}t = kf(1-f). \tag{3.7}$$

式(3.7)是著名的生物种群模型(参见7.1.2节中式(7.2))。而且它的解（也称 S 形曲线（式（7.3）），如图 7—1 所示）常常与技术替代过程中相关的经验结果呈现出高度的一致性。

3.5.2 Lotka-Volterra 替代方法

Lotka-Volterra 方程组是用于描述具有交互作用的生物群落的古典数学模型（见 7.2.1 节）。该方法基于广义 Lotka-Volterra 方程，可以用来描述技术竞争中的技术替代过程（D. Batten，1982；S. C. Bhargava，1989）。相应的数学模型如下：

$$dN_1/dt = a_1 N_1 (N_1^{max} - N_1 + b_1 N_2) - d_1 N_1, \qquad (3.8)$$

$$dN_2/dt = a_2 N_2 (N_2^{max} - N_2 + b_2 N_1) - d_2 N_2, \qquad (3.9)$$

其中 N_i^{max} 是使用技术 i 的企业数目的最大值；参数 a_i 和 d_i 分别为使用技术 i 的企业的"自然"进入系数（出现率）和退出系数（替代率）；b_i 代表两项技术使用共同资源的程度（如果 $b_1 = b_2 = 1$，那么它们只使用相同的资源），$i = 1, 2$。

新技术成功的条件可通过方程（3.8）~（3.9）的静态分析获得，即，如果：

$$b_2 (N_2^{max} - d_2/a_2) > b_1 (N_1^{max} - d_1/a_1),$$

那么新技术将完全替代旧技术。换句话说，从初始状态（$N_1 > 0$，$N_2 = 0$）起，动态系统式（3.8）~式（3.9）将达到一个新的稳定状态（$N_1 = 0$，$N_2 > 0$）。

3.5.3 广义替代模型

假定一个广义替代模型（E. Bruckner，W. Ebeling et al.，1993）可通过方程（3.10）描述：

$$dN_i/dt = (E_i + B_i N_i) N_i - k_i N_i, i = 1, 2。 \qquad (3.10)$$

除了式（3.10）之外，还假设企业，即生产者的总体数量不变，即：

$$N = N_1 + N_2 = C, C \text{ 为常数}。 \qquad (3.11)$$

如果一项新技术只有取代了旧技术才算成功的话,最后一个条件将导致竞争。

根据对参数 E_i 和 B_i 的不同选择,模型(3.10)~(3.11)可以描述一个线性的($B_1=B_2=0$)或是一个非线性(至少有一个 $B_i>0$)的经济增长模型。

模型系数之间的既定关系可作为衡量新技术质量(成功)的各项指标。也就是说:在线性增长($B_1=B_2=0$)情况下,取 $\alpha=E_1/E_2$;在非线性增长条件下,若 $B_2>0$,则取 $\alpha=B_1/B_2$。而 α 决定了选择优势:新技术 2 与旧技术 1 相比,如果 $\alpha>1$,则认为其"好";如果 $\alpha<1$,则认为其"差"。

模型(3.10)~(3.11)介于一维 logistic 替代模型(3.7)和二维 Lotka-Volterra 模型(3.8)~(3.9)之间,即当参数取不同的值时,式(3.10)~(3.11)对应于上述两种不同的模型。

第4章 多部门线性经济模型

本章将简单介绍经济动态学中多部门线性模型理论中的几种情况,这些模型被广泛应用于数理经济学中的理论研究。

我们仅考虑几个著名的古典线性经济模型:Leontief 模型(4.1 节和 4.2 节),Neumann 模型和 Neumann-Gale 模型(4.3 节)。几十年来,这些模型的理论已得到了深入的发展。本章我们将考察模型的主要特征(4.4 节),集中关注模型优化分析中的一个方面——大道性质(4.5 节)。

这些模型的主要局限是关于经济和工业过程中线性问题的假设。为克服这一局限,我们做了很多努力,尝试多部门线性模型的非线性模拟。然而，这方面的发展常常会遇到很多困难，所以到目前为止，尽管我们有了大量多部门非线性模型，但依然没有形成一个被广为认可的理论。

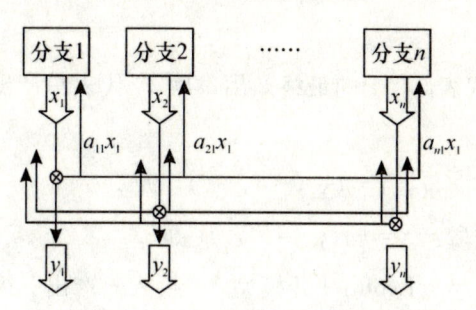

图4—1 多部门"投入—产出"模型

4.1 Leontief 模型（投入—产出模型）

本模型的基础是 V. Leontief 在 1936 年首次提出的"投入—产出"经济分析方法。该方法构建了一个矩阵，用以反映经济系统中联合流程的经济结构。在苏联数理经济学中，这类模型被称为联合平衡模型。

让我们考察一个具有 n 个"纯粹"分支的经济系统，它们均生产相同的产品（商品）。模型假设每一个生产分支只有一个生产过程。同时也假设生产过程是线性的，即产出（产量）与投入（消耗）成比例。

"投入—产出"模型的基本构成是 n 阶直接消耗系数矩阵 $A=\{a_{ij}\}$，其中 a_{ij} 表示生产 i 部门每单位的产品所需要 j 部门产品的数量（即 j 部门的生产消耗）。

假设部门 i 的产品消耗 x_i 与所有部门的产出 x_j，$j=1,\cdots,n$ 之间都存在线性关系，即：

$$x_i = \sum_{i=1}^{n} a_{ij}x_j, \quad i=1,\cdots,n,$$

或是： $X=AX$。

(4.1)

公式（4.1）代表 Leontief 闭模型，其中生产的产出集合与生产的使用集合相同，而不会再去消耗其他的资源。由于系数 a_{ij} 是固定的，故用于生产的产品彼此之间不可替代（类似于固定投入比例的生产函数，参见 2.1 节）。

用符号 y_i 代表部门 i 的最终产出，用 x_i 代表总产出，并引入如下向量：

- 最终产出向量：$Y=(y_1, \cdots, y_n) \in \Re^n$，
- 总产出向量：$X=(x_1, \cdots, x_n) \in \Re^n$。

那么 Leontief 模型（Leontief 开模型，"投入—产出"模型，联合平衡模型）有如下形式：

$$X=AX+Y。 \tag{4.2}$$

若对任意的 $Y>0$，都有 $X>0$，那么可以说 Leontief 模型（4.2）是生产性的。模型是生产性的充要条件是矩阵 A 的最大特征值 $\lambda<1$。则式（4.2）可改写成：

$$X=[E-A]^{-1}Y=A^*Y=Y+AY+A^2Y+A^3Y+\cdots$$

其中 $A^*=[E-A]^{-1}$ 被称作总消耗矩阵，E 是单位矩阵。

Leontief 模型还包括下面的附加关系：

- **固定资产平衡：**

$$FX=f \text{ 或 } F[E-A]^{-1}Y=f。 \tag{4.3}$$

F 是直接资产矩阵，$f=(f_1, \cdots, f_n) \in \Re^n$ 是相关部门的资产向量。

- **劳动支出平衡：**

$$IX=L \text{ 或 } IX=I[E-A]^{-1}Y=TY=L, \tag{4.4}$$

其中 $L \in \Re^1$ 是经济系统中的劳动资源量，$I=(l_1, \cdots, l_n) \in \Re^n$ 是各部门中的直接劳动消耗向量，$T=I[E-A]^{-1}=IA^*$ 是劳动总投入矩阵。

上述平衡等式也可通过下列不等式描述：

$$FX \leqslant f, \qquad IX \leqslant L。$$

4.2 动态 Leontief 平衡

模型（4.1）和（4.2）是静态的（即不明显包含时间 t），但它们能够很容易地转化为一个动态模型（$t=0,1,2,\cdots$ 是离散时间点）。我们运用 Leontief 开模型（4.2）和（4.3）来说明这一点：

$$X_t = AX_t + Y_t,$$
$$FX_t = f_t,$$
$$Y_t = C_t + S_t,$$
$$S_t = K\Delta f, \quad \Delta f = f_{t+1} - f_t, \tag{4.5}$$

其中 C_t 是最终产品产出（在 t 年生产），C_t 也是消费品产出，S_t 是累积品（用于创造新的固定资产），K 是资本组成中原材料的消耗矩阵，Δf 是每时间单位（年）的资本增长量。

式（4.5）可变形为等式（4.6）：

$$X_t - AX_t - D\Delta X = C_t, \quad \Delta X = X_{t+1} - X_t. \tag{4.6}$$

这是在离散时间状态下的 Leontief 开平衡（其中 $D=KF$）。若给定 C_t，则可从式（4.6）解出 X_t。

若时间 t 是连续的，式（4.6）的模拟即成为连续动态的 Leontief 开平衡：

$$X - AX - D\mathrm{d}x/\mathrm{d}t = C。 \tag{4.7}$$

假设消费量为 $C=(1-s)Y$，其中 s 是常数，被称作投资率，且 $0<s<1$。则可从式（4.6）中推得如下动态闭平衡的离散方程：

$$X_t - AX_t - s^{-1}D\Delta X = 0。 \tag{4.8}$$

从方程（4.8）中，我们可得到如下动态闭平衡的显性表达式：

$$X_{t+1} = sD^{-1}(E-A+D/s)/X_t, t=0,1,2,\cdots, \tag{4.9}$$

该平衡可以帮助我们确定经济系统发展中的动态路径。

路径 $X_{t+1}=\lambda X_t$, $t=0, 1, 2, \cdots$（λ 是常数）称为平衡路径。它表明如果矩阵 A 是生产性的，那么，总会存在这样的一条路径。

Leontief 模型的一个典型缺陷是没有考虑在一个部门中不同产品联合生产出的可能性，这种可能性将在 Neumann-Gale 模型中给予补充介绍。

4.3 Von Neumann-Gale 模型

这个模型的基本问题是有关生产过程的描述，即：

$$(u,v)=(u_1,\cdots,u_n,v_1,\cdots,v_n), u,v \in \Re^n, \tag{4.10}$$

其中，u 是用于产出 v 的生产投入集合。

所有可能的生产过程决定了"生产技术"集合 Z，而 Z 是 Neumann 模型的主要概念。

Neumann 模型包括如下假设定义：

- 如果 $(0, v) \in Z$，那么 $v=0$（没有投入就没有产出）。
- 如果 $(u_1, v_1) \in Z$ 和 $(u_2, v_2) \in Z$，那么 $(u, v)=(u_1+u_2, v_1+v_2) \in Z$（模型中不同生产过程的累加和仍然有效）。
- 基本的生产过程 (a_i, b_i)，$i=1, \cdots, m$ 的数目是有限的。

那么"生产技术"集合 Z 代表多面锥：

$$Z=\{(u,v):(u,v)=\sum x_i(a_i,b_i), x_i \geqslant 0, i=1,\cdots,m\},$$
$$\tag{4.11}$$

其中 $X=\{x_i\} \in \Re^m$ 是基本生产过程 (a_i, b_i)，$i=1, \cdots, m$ 使用的强度向量。

如果定义消耗矩阵 $A=\{a_{ij}\}_{mn}$ 和产出矩阵 $B=\{b_{ij}\}_{mn}$，那么有：

$$Z=\{(u,v):u=AX, \quad v=BX, \quad \underline{X} \geqslant 0\}. \tag{4.12}$$

针对特殊情况：$m=n$，$B=E$ 时，式（4.12）所表示的 Neumann 模型，就等价于下面的 Leontief 闭模型（4.1）：

$$Z=\{(u,v):u=AX, \quad v=EX, \quad \underline{X}\geqslant 0\}$$

或 $$Z=\{(AX,X), \quad \underline{X}\geqslant 0\}。 \tag{4.13}$$

用如下关系式描述 Neumann 模型的动态性：

$$X_1 A \leqslant X_0, \quad X_t A \leqslant X_{t+1}, \quad t=0,1,2,\cdots \tag{4.14}$$

其中 X_0 是初始产品总量向量。

Gale 模型（或是 Neumann-Gale 模型）是 Neumann 模型的一个数学推广，即将 Neumann 模型中的多面锥 Z 用一个凸锥替代。从真正的经济学观点来看，它意味着存在基本生产过程 (a_i, b_i)，$i=1,\cdots,\infty$ 的一个无限集合。从数学角度来看，Gale 模型可通过与 Neumann 模型相同的假设（但第 3 种假设除外）、概念以及公式（4.12）～（4.14）来描述。

由于所需输入信息的巨大的复杂性，Neumann 和 Neumann-Gale 模型（与 Leontief 模型相比较）的应用范围十分有限。

4.4　多部门模型的特征

生产过程的增长率：

$$\alpha(u,v) = \min_{i=1,\cdots,n}(v_i/u_i)$$

代表生产过程的产出消耗率。

模型的增长率：

$$\alpha^* = \alpha(u^*, v^*) = \max_{(u,v)\in z}\alpha(u,v) \tag{4.15}$$

代表的是 Neumann 或 Gale 模型中可得的最佳生产过程增长率。

技术映射：$A_t: X \to A_t(X)$ 是在时刻 $t+1$ 处可能的经济状态集合（时间是离散类型 $t=0,1,2,\cdots$）；

$$A_t(X) = \{Y : (X,Y) \in \mathbf{Z}_t\}. \tag{4.16}$$

Neumann-Gale 动态模型定义如下：

$$X(0) = X_0, X(t+1) \in A(x(t)), t = 0, 1, 2, \cdots. \tag{4.17}$$

模型 (4.16) 的基本优化问题是 $C(X(T))$ 关于 $X(T)$ 的最大化问题：

$$\max C(X(T)), \quad t = 1, \cdots, T-1, \tag{4.18}$$

其中 $C(X)$ 为线性函数。

最佳平衡增长路径是：

$$X(t) = \alpha^* X(t-1) = (\alpha^*)^t u^*, \quad t = 1, \cdots, T-1,$$

沿着这条路径上的射线被称为 Neumann 射线。

如果 Neumann 射线不唯一，则相应的射线集合称作 Neumann 平面。

只有在严格的约束条件下，才存在最佳平衡增长路径或对应的 Neumann 平面。这也正是 Neumann-Gale 模型（大道路径等）多种复杂的特征直到后来才被引入的原因。

一般说来，多部门线性模型经济动态学的理论范围太过宽泛，在如此有限的篇幅之内，仅仅指出它的简单框架就已经显得十分困难。因此，在这里我们只能局限于研究模型优化分析的一个方向——大道性质。

4.5 大道性质

在多部门线性经济模型理论中，一个含有固定结构和最高可能增长率式 (4.15) 的经济发展机制被称为大道机制。

大道理论用来说明在一个长期预定的区间内，从某种意义上讲，动态模型的最优路径逼近一条大道路径，而且这条最优路径独立于初始状态、预定区间长度以及客观标准式（4.18）。

大道理论也是线性多部门模型优化分析中的一个重要工具。在不同的假设下，Neumann-Gale 模型及其模型修正的优化问题式（4.16）～式（4.18）中，很多的大道理论都得到了证实。这里，我们仅限于描述这些理论的主要类型。

大道性质的分类：

- **弱大道理论**：对于优化区间 $[t_0, T]$，若区间的长度较大：$T-t_0 \gg 1$，则最优路径 $X_T(t)$，$t \in [t_0, T]$ 趋向于一条有效路径（无限最优）：

$$\lim_{T,t \to \infty} \rho(X_T(t), X_\infty(t)) = 0,$$

其中 $X_\infty(t)$ 是有效路径的一个集合。

这条路径仅由模型结构决定，而与初始条件无关。在 Neumann-Gale 模型中距离 $\rho(.,.)$ 可被理解为角偏差，而对于其他类型的模型而言，它只是一个线性距离。

- **常态大道理论**：当 $T-t_0 \to \infty$ 时，在优化区间 $[t_0, T]$ 的一个有限子集 Δ 上，最优路径 $X_T(t)$ 与大道集合 $X_\infty(t)$ 存在有限偏差，而且子集 Δ 的总时间间隔不依赖于 $T-t_0$。

- **强态大道理论**：若对任意 $\varepsilon > 0$，时间 $N(\varepsilon)$ 总存在，则有 $\rho(X_T(t), X_\infty(t)) < \varepsilon$，$t \in [t_0 - N(\varepsilon), T+N(\varepsilon)]$ 成立，即只在初始时刻和最终时刻，最优路径与大道路径的偏差才会超过 ε 值。

- **最强态大道理论**：若对任意 $\varepsilon > 0$，时间 $N(\varepsilon)$ 总存在，则最优路径 $X_T(t)$ 与唯一的一条大道路径 $X_\infty(t)$，$t \in [t_0 - N(\varepsilon), T+N(\varepsilon)]$ 相吻合。

我们已经接触过非线性经济数学综合模型中一些相似的性质（参见 2.3 节，3.4 节）。而本节介绍的大道性质将会在第 6 章经济革新积分模型的优化分析中得到深入运用。上述关于大道的定义与非线性综合模型中的定义稍微有些不同。即后者的大道机制并不要求结构固定，但大道机制取决于目标标准。不过，这两种大道路径的实质仍然相同：更为简单的结构，以及独立于初始状态和预定区间长度。

一般来说，大道分析意味着需要确定一些"有效"路径（大道），这些路径逼近优化问题的解，而且其结构更为简单。除此之外，确定大道路径与考察它们的性质要比直接求解优化问题更为容易。总之，大道理论反映了经济动态学中的一些基本趋势和规律。

第5章 控制型技术革新模型

当考虑与工业生产相关的经济要素（诸如资本，固定资产，生产能力，工业设备和劳动力等）的同质性时，就有必要使用数理经济学中的积分模型。

宏观经济积分模型使得技术服务时间（生存期）的理论研究与合理技术革新率的理论研究成为可能，这类问题第一次综合考虑了经济的其他方面（如技术进步，资源现状，生产效率标准及其他）。它们的应用价值已经吸引了人们更深入地研究宏观经济积分模型以及这些模型在不同规模经济发展中的优化应用。

下面描述的宏观经济积分模型都属于物

化型技术进步的宏观经济积分模型（参见 3.1 节），其中第一个也是最著名的一个模型是 Solow 积分模型（R. Solow，1960）。

5.1　Solow 积分模型

根据这个模型技术变革（技术进步）通过固定资产（生产手段）以如下方式体现出来：选择设备单元（equipment unit，EU）作为固定资产的基本单位（生产单位）。设备单元被定义为每个工人拥有的资本量（资本设备，生产容量，固定资产）。出于这个原因，设备单元有时也被视为工作空间（working place，WP）。

假设由于技术进步，最新创造的设备单元比先前创造的设备单元更加有效，而同一时期创造的设备单元效率相同。

首先考虑离散型 Solow 模型，引入离散时间点 τ，$t=1, 2, 3, \cdots$ 及下列函数：

- $K(\tau, t)$——生产容量（EU 的数量），它在时刻 τ 处出现，但在当前时刻 t 处仍在服务。
- $m(\tau, t)$——使用生产容量 $K(\tau, t)$ 的劳动力数量。

根据设备单元的定义，$m(\tau, t)$ 的值决定了在时刻 τ 处出现，并且在当前时刻 t 处依然发挥作用的设备单元数量。那么在时刻 τ 处出现的设备单元在时刻 t 处生产的产量可以记为：

$$q(\tau,t)=F(\tau,K,m)=F(\tau,K(\tau,t),m(\tau,t)) \tag{5.1}$$

其中 $F(\tau, K, m)$ 是关于资本 $K(\tau, t)$ 和劳动力 $m(\tau, t)$ 的生产函数。该函数在 Solow 模型中可被视作带有指数形式的技术进步的 Cobb-Douglas 函数（参见 2.2 节和 3.4 节）：

$$F(\tau,K,m)=e^{p\tau}K^{1-\alpha}m^{\alpha}, \quad 0<\alpha<1, \tag{5.2}$$

其中 $p>0$ 是新设备单元生产力的增长率（物化型技术进步率）。

在时刻 t 处的总产量 $Q(t)$ 是在区间 $(-\infty, t]$ 上的全部设备单元的总产出：

$$Q(t) = \sum_{\tau=-\infty}^{t} q(\tau,t) = \sum_{\tau=-\infty}^{t} F[\tau, K(\tau,t), m(\tau,t)], \quad (5.3)$$

而且，所需要的全部劳动力 $P(t)$ 为：

$$P(t) = \sum_{\tau=-\infty}^{t} m(\tau,t)。 \quad (5.4)$$

现在假设 (τ, t) 是连续区间，那么在时刻 t 处的总产量 $Q(t)$ 为：

$$Q(t) = \int_{-\infty}^{t} F[\tau, K(\tau,t), m(\tau,t)] \mathrm{d}\tau, \quad (5.5)$$

以及全部劳动力 $P(t)$ 为：

$$P(t) = \int_{-\infty}^{t} m(\tau,t) \mathrm{d}\tau。 \quad (5.6)$$

式（5.5）和式（5.6）即为 Solow 积分模型。

现假定由于自身的有形损耗（折旧，损坏），设备单元逐渐从生产中脱离出来，折旧率 $\delta>0$ 为常数，且有：

$$K(\tau,t) = I(\tau) \mathrm{e}^{-\delta(\tau-t)}, \quad (5.7)$$

其中 $I(\tau)$ 为时刻 τ 处的总投资。

在固定折旧率 δ 和固定技术进步率 p 的条件下，指数形式的物化型技术进步的 Solow 积分模型 (5.2)，(5.5)~(5.7) 将会和指数形式的自主型技术进步的 Solow 综合模型 (2.7)~(2.11)（不是积分形式）得出的结论一样。但该结果的特别之处是，在现实非一致性经济发展的一般情况下，这些积分模型拥有的主要新特征是其他类型的经济模型中所不具备的。

为了与 Solow 模型相对比，假设下面给出的模型能够控制过期设备单元（资本、容量、固定资产）的处理（废弃、清理、淘汰）。

5.2　Kantorovich 单部门宏观经济模型

该模型（L. Kantorovich，1959，1973）是 Solow 模型的一种改进，可用以下两个方程表示：

$$Q(t) = \int_{a(t)}^{t} F[\tau, K(\tau), m(\tau)] d\tau, \tag{5.8}$$

$$P(t) = \int_{a(t)}^{t} m(\tau) d\tau. \tag{5.9}$$

与 Solow 模型一样，这里的 $m(t)$ 也是在时刻 τ 处，每时间单位引入经济系统中的设备单元数量。但在式 (5.8) 和式 (5.9) 中并没有考虑设备单元的有形损耗（折旧率 $\delta=0$）。

与 Solow 模型 (5.5)～(5.7) 相比，本模型的主要创新之处在于引入了新的内生函数 $a(t)$，它是设备单元的服务期下限：即在时刻 $a(t)$ 之前服务的设备单元在当前时刻 t 处无法得到使用。$t-a(t)$ 的值决定了在时刻 $a(t)$ 处出现的设备单元的生存期（服务期）（由于 $t-a(t)$ 的值不同，所以不同设备单元的生存期也可能有所不同）。

模型 (5.8)～(5.9) 是后面要讨论的众多问题的一个基础，在 6.1 节和 6.2 节中，将考察由未知函数 $a(\cdot)$，$m(\cdot)$，$\lambda(\cdot)$ 表示的本模型的优化问题。

下面要完成模型 (5.8)～(5.9) 中的一些变形：

$$\begin{aligned} q(\tau) &= F(\tau, K(\tau), m(\tau)) = e^{\rho \tau} K^{1-\alpha}(\tau) m^{\alpha}(\tau) \\ &= e^{\rho \tau} [K(\tau)/m(\tau)]^{1-\alpha} m(\tau) = e^{\rho \tau} \lambda^{1-\alpha}(\tau) m(\tau) \\ &= \beta(\lambda(\tau), \tau) m(\tau), \end{aligned}$$

其中 $\lambda(\tau) = K(\tau)/m(\tau)$ 为设备单元成本（每出现一个 EU 的投入），而 $\beta(\lambda(\tau), \tau) = e^{\rho \tau} \lambda^{1-\alpha}(\tau)$ 是设备单元生产率。

这样，模型 (5.8)～(5.9) 可以写成如下形式：

$$Q(t) = \int_{a(t)}^{t} \beta(\lambda(\tau), \tau) m(\tau) d\tau, \tag{5.10}$$

$$P(t) = \int_{a(t)}^{t} m(\tau)\mathrm{d}\tau, \tag{5.11}$$

模型关于 m 是线性的。Kantorovich 模型的这个形式更加方便研究我们的目标。下面将会说明对它的使用。

5.3 市场经济学中的物化型技术进步模型

物化型技术进步积分模型刚一出现就应用到大规模的宏观经济系统当中。不过，因为经济管理对于各个层次的经济过程是类似的，所以下面两节中考虑的模型就只是针对经济发展中的企业层面。

G. Silverberg（1987）提出了在物化型技术进步条件下，市场竞争中的一个动态自我组织模型。在未来的技术进步过程不确定的前提下，该模型采用带有已知（但并不是全部掌握）特征的行业设备数量来表示技术。为此，行业内每一个企业的"资本报废"都可由下述方程描述：

$$K(t) = \int_{a(t)}^{t} k(\tau)\mathrm{d}\tau, \tag{5.12}$$

$$\langle A \rangle(t) = \int_{a(t)}^{t} A(\tau)k(\tau)\mathrm{d}\tau, \tag{5.13}$$

其中 $K(t)$ 是资本存量（用生产容量单位来衡量），$k(t)$ 是时刻 t 处的总投资，$a(t)$ 是技术角度上所谓的过期设备的废弃日期，$A(t)$ 是前期技术劳动力/产出系数，$\langle A \rangle(t)$ 是基本单位劳动力系数。

应该说明的是，在一个独立的企业中，第一个资本设备最优替代的数学模型是由 J. M. Malcomson（1975）提出的。它的表述与方程 (5.12)~(5.13) 相同。

5.4 积分生产函数

乍看之下，该积分生产函数与早期的发展经济学模型（A. Petrov

and I. Pospelov，1979）是不同的，它的形式为：

$$Q(t) = \int_{\varphi(t)}^{\phi(t)} m(\tau,\chi) d\chi, \tag{5.14}$$

$$P(t) = \int_{\varphi(t)}^{\phi(t)} \chi m(\tau,\chi) d\chi, \tag{5.15}$$

其中假定劳动力 P 独立于产出 Q，设备单元的分布中 $m(\tau,\chi)$ 给定，而参数 $\phi(.)$ 未知。

在式 (5.14) 中，已有设备单元的分布 $m(\tau,\chi)$ 可根据设备单元特定的劳动力投入得到，而不是像前面的积分模型，由 τ 决定积分模型的建立。因此，积分变量是 χ，而且积分上限 $\phi(.)$ 是一个未知变量。Yu. Yatsenko (1991) 指出，在自然经济的充分假设之下，根据它们对应的经济内容，自变量 χ 可用 τ 替换：$\chi \to \tau$，即可将模型 (5.14)~(5.15) 化简成式 (5.10)~(5.11) 的形式。

基于相似假设，L. Johansen (1972) 研究了比模型 (5.14)~(5.15) 更为一般的积分经济模型。在 Johansen 的模型中通过几个独立经济要素的不同支出来区分生产单元（而不是只通过劳动力投入 χ 来区分），并且会涉及多重积分和多维积分方程组。

与线性多部门模型分析相似（参见第 4 章），我们将通过以下多部门积分模型同时描述设备革新的过程以及在各个行业分支（各生产部门）中已有设备单元的分布。

5.5　Glushkov 两部门宏观经济模型

V. Glushkov，乌克兰著名的数学家，于 1977 年提出了以下两部门宏观经济革新的积分模型：

$$m(t) = \int_{a(t)}^{t} \alpha(\tau,t) y(\tau,t) m(\tau) d\tau, \tag{5.16}$$

$$c(t) = \int_{a(t)}^{t} \beta(\tau,t)[1 - y(\tau,t)] m(\tau) d\tau, \tag{5.17}$$

第5章 控制型技术革新模型

$$P(t) = \int_{a(t)}^{t} m(\tau) d\tau 。 \tag{5.18}$$

这个模型表明了两个生产部门之间的关系：
- A——生产方式（设备）的生产。
- B——消费品的生产。

假设模型是封闭的，即新的设备单元不能从外部进入经济系统，而只能在系统内部产生。这里的 $c(t)$ 是每单位时间消费品的产出，$\alpha(\tau, t)$ 和 $\beta(\tau, t)$ 是时刻 τ 处（不同的两部门）新出现的设备单元在时刻 t 处的生产率（产出/劳动力系数），而 $y(\tau, t)$ 则是一个可变投资率。

模型 (5.16)~(5.18) 涉及了物化型技术进步，这意味着新设备单元比旧设备单元更为有效（函数 $\alpha(\tau, t)$ 和 $\beta(\tau, t)$ 随 τ 递增）。

从数学角度来看，模型 (5.16)~(5.18) 可由 Volterra 积分方程组描述，未知函数 $\alpha(\cdot)$ 作积分下限，而 $m(\cdot)$ 和 $y(\cdot)$ 同样未知。模型 (5.16)~(5.18) 的优化问题将在 6.3 节介绍。

本模型同时考察设备单元革新策略的优化与部门 A 和 B 之间的设备单元分布。而在单部门积分模型中，设备单元的革新策略将由设备单元的生存期 $t-a(t)$ 和新出现的设备单元数量 $m(t)$ 共同决定。

与前面单部门模型相比，本模型中唯一的一个新函数是 $y(\cdot)$，它代表不同生产部门之间的设备单元分布（投资率）。下面详细分析控制函数 $y(\tau, t)$。

当 $y \equiv y(\tau)$ 时，模型 (5.16)~(5.18) 能够给出部门 A 和 B 之间在时刻 τ 处出现的新设备单元的分布控制。为此，要求全部已有的设备单元分布固定：即在设备单元的整个生存期 $[a(t), t]$ 内，设备单元不能从一个部门流动到另外一个部门。在数理经济学中，类似这样的模型还有 "putty-clay" 模型（模型的资本结构固定）。

一般来说，函数 $y \equiv y(\tau, t)$ 控制着部门 A 与 B 之间新旧设备单元的分布（"putty-putty" 模型）。

在模型 (5.16)~(5.18) 中，全部已有的设备单元在它们整个生存期上关于满负荷的假说都是成立的。另外的情况是，部门 B 应该引入一个新的控制变量 $z(\tau, t)$ 去模拟 $y(\tau, t)$，进而替换 $[1-y(\tau, t)]$，那么式 (5.17) 和式 (5.18) 将采用更为复杂的形式。

在特殊情况 $y \equiv 0$ 时，可从模型 (5.16)~(5.18) 中推得单部门模型 (5.10)~(5.11)。

5.6 多部门积分模型

多部门积分经济模型（Yu. Yatsenko，1991；N. Hritonenko 和 Yu. Yatsenko，1996）如下：

$$m_i(t) = \sum_{j=1}^{n} \int_{a_j(t)}^{t} \alpha_{ij}(\tau, t) y_{ij}(\tau, t) m_j(\tau) d\tau + f_i(t), i = 1, \cdots, n, \tag{5.19}$$

$$c_k(t) = \sum_{j=1}^{n} \int_{a_j(t)}^{t} \beta_{kj}(\tau, t) z_{kj}(\tau, t) m_j(\tau) d\tau, k = 1, \cdots, l, \tag{5.20}$$

$$R_k(t) = \sum_{j=1}^{n} \int_{a_j(t)}^{t} r_{sj}(\tau, t) m_j(\tau) d\tau, s = 1, \cdots, p, \tag{5.21}$$

$$\sum_{i=1}^{n} y_{ij}(\tau, t) + \sum_{k=1}^{l} z_{kj}(\tau, t) \leqslant 1, y_{ij}(\tau, t) \geqslant 0, z_{kj}(\tau, t) \geqslant 0,$$

$$a_i(t) < t。$$

本模型描述了一个经济系统，该系统使用了 n 种类型的生产容量，生产了 l 种不同的消费品 c_k，并消费了 p 种不同的资源 R_s（劳动力、资本、能源、原材料及其他）。生产力（设备单元）用在消费品和新生产容量的生产之中。

模型 (5.19)~(5.21) 的结构由经济系统中的相互联系决定，其中，矩阵 $\{\alpha_{ij}\}$，$\{\beta_{kj}\}$，$\{r_{sj}\}$，$\{y_{ij}\}$，$\{z_{kj}\}$ 全部给定。模型中积分算子的结构与上述少部门积分模型中的结构相同。模型 (5.19)~(5.21) 是单部门和两部门模型的自然推广。

另一方面，本模型与前一章描述的线性"投入—产出"经济模型有一些共同的特点。线性"投入—产出"分析方法可用于明确模型的内部函数 $\{\alpha_{ij}\}$ 和 $\{\beta_{kj}\}$。Yu. Yatsenko (1991) 研究了线性"投入—产出"模型和多部门积分模型 (5.19)~(5.21) 之间的相关性。特别指出,在简化的假设条件下(没有物化型技术进步、过期设备单元的废弃、不变的投资率 y 及其他),模型 (5.19)~(5.21) 等价于在连续的时间 t 内一个线性"投入—产出"的闭平衡模型(参见 4.2 节)。

5.7 设备更新微分模型

行业系统中的设备替代模型也属于经济—数学模型,而且生产元素的服务期对于此类模型是十分重要的,因为维护和修理设备单元的投入取决于设备单元的服务期年限。

设备单元年限的结构模型常由偏微分方程给出。下面的演化方程代表这类模型的最简形式:

$$\partial x(t,\tau)/\partial \tau + \partial x(t,\tau)/\partial t = -\alpha(t,\tau)x(t,\tau), \quad (5.22)$$
$$x(t,0)=p(t), \quad x(0,\tau)=\varphi(\tau),$$

其中 $x(t,\tau)$ 是在时间 t 处与设备年限 τ 相一致的设备分布密度,$p(t)$ 是在时间 t 处生效的新设备单元的数量,$\varphi(\tau)$ 是在时刻 $t=0$ 处给定初始年限的设备单元的分布,而 $\alpha(t,\tau)$ 是年限为 τ 的设备单元在时刻 t 处的失效系数。

需要说明的是,演进方程 (5.22) 常用于与种群年龄结构有关的生态种群模型分析。它的推导将在 7.4 节给予介绍(模型 (7.10)~(7.12))。

已使用的设备单元的总数量为:

$$P(t,Z) = \int_0^Z [1-f(t,\tau)]x(t,\tau)d\tau, \quad (5.23)$$

其中 $f(t,\tau)$ 代表年限为 τ 的已经被修理过的设备单元部分,Z 是设备单元的服务期时间，该时间可以看作是一个控制参数。

积分模型（5.23）与微分模型（5.22）等效，而构建模型（5.23）的方法将在第 7 章生态系统的应用中给予介绍。

模型（5.22）～（5.23）可用于解决设备单元服务期 Z 的优化问题。例如：在区间 $[0, T]$ 上，开发生产系统的全部支出可表示为：

$$S(t,Z) = \int_0^T (c(t)p(t) + \int_0^Z x(t,\tau)[\gamma(t,\tau) + r(t,\tau)f(t,\tau) \\ + q(t,\tau)(1 - f(t,\tau))]d\tau)dt,$$

其中 $c(t)$，$r(t, \tau)$，$\gamma(t, \tau)$，$q(t, \tau)$ 分别代表在时间 t 处对应于制造（购买）、修理、备件和维护每单位设备单元的特定支出。

应该注意，上述积分方程模型中描述的设备服务期 Z（生存期）是不变的。如果服务期 Z 是一个函数，那么，在 5.2～5.4 节中介绍的带有可变记忆的积分动态模型使用起来将会更加方便。

第6章 经济革新的优化模型

　　本章将致力于前一章提到的经济革新数学模型的优化分析。

　　关于经济革新、技术革新和R&D投资影响的机制都是充分非线性的,并且这些机制在经济系统中实现了一个特殊的正反馈。当把经济看成是一个演化的、复杂的自我组织系统时,分析这些机制就显得意义很大。考察这类机制的基础是第5章介绍的物化型技术进步积分模型。

　　优化问题常常会激起人们对数理经济学的兴趣,这已体现在现有的积分模型的研究中。本章的分析是基于作者最近20年来的研究成果和1996年的总结(N. Hritonenko and

Yu. Yatsenko)。

在研究当中，我们会发现，在一个数学模型中（或者在同一个模型优化问题的陈述中），很小的改变会如何影响一个经济系统的定性性质。

大道性质将被看作经济发展最优问题中定性行为的一个指标，这种选择部分源于作者的学术偏好，但更大程度上是因为作者相信，大道优化分析是评定经济模型的一个重要部分。

最简优化问题（optimization problem，OP）是劳动力动态条件给定情况下的（参见 2.3 节）总产出最大化的经典问题。不过，对经济系统的控制影响则是非经典的，而且这种影响是由系统技术结构中革新强度的变化方式引起的。技术生存期被视为一个未知控制函数，与其他类似的研究相比，这一函数的使用是一个新特点。

为了研究技术革新中最优路径的结构，尤其是为了构建这些路径的大道性质（参见 4.5 节），我们还需要分析更多的优化问题。

6.1 单部门基本模型和基本优化问题

在技术革新的单部门模型中，基本优化问题（以下记作 OP1）是将经济系统中相同的综合产品的折旧产出最大化，且该经济系统包含新设备单元的消耗费用。该问题的数学模型主要在于确定未知函数：$a(t)$，$m(t)$，$Q(t)$，$t \in [t_0, T]$，$T \leqslant \infty$，它们使得下列函数最大化：

$$I := I = \int_{t_0}^{T} \rho(t)[Q(t) - \lambda(t)m(t)]\mathrm{d}t \xrightarrow[a,m]{} \max, \qquad (6.1)$$

则单部门积分模型（参见 5.2 节）：

$$Q(t) = \int_{a(t)}^{t} \beta(\tau, t) m(\tau) \mathrm{d}\tau, \qquad (6.2)$$

$$P(t) = \int_{a(t)}^{t} m(\tau) \mathrm{d}\tau, \qquad (6.3)$$

约束不等式：$0 < m(t) < M(t)$，$\qquad (6.4)$

$$a'(t)\geqslant 0, \ a(t) < t, \tag{6.5}$$

初始条件：$a(t_0)=a_0$，$m(\tau)=m_0(\tau)$，$\tau\in[a_0, t_0]$。 (6.6)

考察的经济系统中给定的因素有：$\beta(\tau, t)$ 代表在时刻 τ 处出现的设备单元生产率，$\lambda(t)$ 代表设备单元的成本，而 $P(t)$ 代表时刻 t 处的劳动力数量。目标函数（6.1）中的已知函数 $\rho(t)$ 是折旧因子，它反映了产出的效用随时间递减，即 $\rho'<0$。

可以通过改变系统的技术结构来控制此经济系统：未知控制函数包括设备单元的生存期（服务期）$t-a(t)$；引入到系统中的新设备单元的数量 $m(t)$。假设 $m(t)$，$t\in[t_0, T)$，是优化问题的独立控制变量，$m\in L^{\infty}_{[t_0, T)}$。函数 $a(t)$，$Q(t)$，$t\in[t_0, T)$ 都是最优问题的分段（非独立）未知变量。

在积分模型中类似这样优化问题的研究方法十分复杂。这也是在接下来的内容中只给出优化问题研究的结果，而省略了其证明过程的原因，其完整证明已由 N. Hritonenko 和 Yu. Yatsenko 于 1996 年给出。

6.1.1 几个一般结论

现介绍最低容许控制：

$$m_{\min}(t)=\min\{0, P'(t)\}, \quad t\in[t_0, T)。$$

从经济学视角看，经济系统中的最低可行革新（$m\equiv m_{\min}$）是一个平凡机制，即有，$a'(t)=0$ 或 $m(t)=0$，$t\in[t_0, T)$。

至此，式（6.1）~（6.6）代表的优化问题能够被容许控制 m（其定义域较短）的优化问题所替代，即：

$$m_{\min}(t) < m(t) < M(t), \quad t\in[t_0, T), \tag{6.7}$$

而且复杂分段约束式（6.5）满足先验性。

在有限水平优化情况下（即 $T<\infty$），在 OP1 中会出现著名的预定区间的端点效应：在时刻 θ 处，$t_0\leqslant\theta<T$，存在 OP1 的解：$m(t)=m_{\min}(t)$，$t\in(\theta, T]$。

然而，在技术进步状态下（函数 $\beta(\tau, t)$ 随 τ 递增），在整个区间 $t \in [t_0, T]$ 上，最优控制 $m^*(t)$ 并没有与最低容许控制 $m(t) = m_{\min}(t)$，$t \in (\theta, T]$ 保持一致。更准确地说，如果条件：

$$\int_t^T \rho(\tau)[\beta(t,\tau) - \beta(t_0,\tau)]dt > \lambda(t)\rho(t) \tag{6.8}$$

当 $t > t_0$ 时成立，那么一个非平凡经济发展策略 $m^* \neq m_{\min}$ 是最优的。

条件（6.8）有着清晰的经济解释：将一个新的设备单元引入到生产当中，则它在未来生存期内（与原有设备单元相比）的利润（生产率提高）必定高于这个新设备单元的成本 $\lambda(t)$。

如果设 $\beta(\tau, t) = e^{c\tau}$，$\lambda(t) = e^{st}$，且 $\rho(t) = e^{-dt}$，那么式（6.8）成立，其中 $c > s$。

6.1.2 无限水平最优

无限水平 OP1（即 $T = \infty$）体现了最强态大道性质（参见 4.5 节）。也就是说，除了预设区间 $[t_0, \infty)$ 某一初始有限的部分之外，最优路径与一条大道路径相吻合。

性质 A（最强态大道定理）。假设存在一个满足式（6.7）的解 $m^*(.)$，则式（6.1）～（6.7）代表的最优问题的解 $a^*(.)$ 与一条大道路径 $\bar{a}(.)$ 相吻合（如果路径存在的话），该路径的初始时刻为：$\mu \geqslant t_0$：$a^*(t) \equiv \bar{a}(t)$，$t \in [\mu, \infty)$。$\mu - t_0$ 的值仅由初始偏差 $|\bar{a}(t_0) - a_0|$ 决定，（当 $\bar{a}(t_0) = a_0$ 时，$\mu = t_0$）。

唯一的大道路径 $\bar{a}(t)$，$\bar{a}'(t) > 0$，$t \in [t_0, \infty)$ 会出现在以下两种情况中的一种：

- 指数函数 $\beta(\tau) = e^{c\tau}$，$\lambda(t) = e^{st}$，$\rho(t) = e^{-dt}$，$c, d > 0$，$s < c < d$，其中，若 $s < c$，则当 $t \to \infty$ 时，$\bar{a}(t) \to t$；若 $s = c$，则 $\bar{a}(t) \equiv t - A$。

- 若线性设备单元的生产率为 $\beta(\tau) = c_1\tau + c_2$，以及设备单元成本固定为 $\lambda(t) = C$，$\rho(t) = e^{-dt}$，C 为常数，那么大道路径是 $a(t) \equiv t - A$，$t \in [t_0, \infty)$，其中常数 $A > 0$，它可由一个非线性方程唯

一确定。

6.1.3 有限水平优化

当 $T<\infty$ 时，OP1 解的结构要比 $T=\infty$ 时更为复杂。如果要分析最优解的渐近行为（$T\to\infty$），那么可以证明以下结论成立：

性质 B（常态大道定理）。如果 $T<\infty$，$\beta(\tau)=e^{c\tau}$，$c>0$，或者 $\beta(\tau)=\tau^p$，$p>0$，$\lambda'=\rho'=0$，那么会存在唯一的大道路径：$\bar{a}(t)$，$\bar{a}^t(t)>0$，$t\in[t_0,\infty)$，它不依赖于 T 和初始条件式 (6.6)。而且，对于 $[t_0,T]$ 中的最大渐近部分，当 $T\to\infty$ 和 $T-t\to\infty$ 时，OP1 的解 $a^*(t)$ 趋近于 $\bar{a}(t)$。

这样，我们证明了有限水平 OP1 的大道性质要比当 $T=\infty$ 的时候要弱。这一事实可以从经济学角度解释：有限水平优化与折旧的无限水平优化相比，稍欠正常（对于后者，所有的时刻 $t>t_0$ 都享有"同样的权利"）。

6.1.4 线性生产率情况

在某些情况下，可以加强前面的性质，例如，对于线性生产率函数，OP1 中的解是显性的，并且以下结论成立：

性质 C：（强态大道定理）。如果当 $T\to\infty$ 时，$\beta(\tau)=c_1\tau+c_2$，$\lambda'=\rho'=0$ 仅在区间 $[t_0,T]$（区间长度为有限值）的左右端点上，最优路径 $a^*(.)$ 偏离唯一的一条大道路径 $\bar{a}(.)$。

除了单调递增的、光滑的函数 $\beta(\tau)$ 之外，其他的一些函数也具备类似的结论。

6.2 其他优化问题

在单部门以及更为复杂的两部门、三部门或 n 个部门的技术革新模型中，已经分析了许多其他优化问题。下面将给出单部门基本模型修正后的研究概述。与 OP1 的性质相比，概述的重点将放在模型修正后性质的一般性和特殊性研究。在考虑经济发展中的多种不同特点的前提下，我们的主要目标将是探索优化问题的解的不同定性行为。

6.2.1 既定产量的投入最小化

在给定产出的条件下，劳动力投入和设备单元革新投入的最小化问题（记作 OP2）可通过下列函数描述：

$$I_2 = \int_{t_0}^{T} \rho(t) \left[\int_{a(t)}^{t} m(\tau) d\tau + \lambda(t) m(t) \right] dt \to \min_{a, m}, \quad (6.9)$$

其中，$m(\cdot)$ 由单部门模型 (6.2)～(6.6) 给出。

从概念角度讲，这一问题是 OP1 的逆过程，而且在定性水平上它们解的性质相似（而不是相同）。对于这一优化问题，基本结构的性质保持不变：大道性质 A，B 和 C 仍然分为常态、强态和最强态三种形式。不过，大道路径在定性方面并不相同。当设备单元的成本 λ 不变时，如果物化型技术进步的相对变化率 $\beta'_\tau(\tau)/\beta(\tau)$ 固定（而不是基本最优问题中的技术进步绝对变化率 $\beta'_\tau(\tau)$），那么大道设备单元的生存期也是固定的，即 $\bar{a}(t) - t \equiv A = C$，$C$ 是常数。

如果其他投入（原材料，能源等）也保持最小化，而 OP2 的主要性质仍保持不变，那么最优控制问题就由最高投入决定。

6.2.2 最优设备成本的选择模型

假设在时刻 τ 处出现的设备单元的产量依赖于两个要素：资本 $K(\tau)$ 和劳动力 $P(\tau)$，则自然会引出单部门基本模型 (6.1)～(6.6) 的一般化问题。而且也会引出 5.2 节中的 Kantorovich 积分模型 (5.10)～(5.11)。该模型把新设备单元成本及设备单元生存期作为内生变量（未知变量）。这种情况下，我们要考察每单位设备单元的资本和劳动力的最优比例。此类问题属于数理经济学的经典问题。

在给定劳动力 $P(t)$，$t \in [t_0, T]$ 动态变化的前提下，在单部门积分模型 (5.10)～(5.11) 中，通过求解未知函数 $a(t)$，$\lambda(t)$，$m(t)$，$Q(t)$，$t \in [t_0, T]$，$T \leqslant \infty$，使式 (6.1) 的产量最大化来描述相应的优

化问题（记作 OP3）。

与式（6.2）~（6.3）的模型不同，现假设存在一个新技术（设备单元）的连续集合，新技术的生产率为 $\beta(\lambda(\tau),\tau,t)$，并且该技术依赖于设备单元的成本 $\lambda(t)$（新技术生产率并非单纯为 $\beta(\tau,t)$）。另一方面，假设市场对于新设备单元的选择面很广。这样，通过明确新设备单元的未知成本函数 $\lambda(\cdot)$，可以加入描述设备单元革新强度的函数 $m(\cdot)$ 以及函数 $a(\cdot)$（内生的）。而外生的（给定的）模型变量则分别是生产率函数 $\beta(\lambda,t)$，$m(\cdot)$ 及折旧因子 $\rho(\cdot)$。

假设这种优化问题中生产函数是指数形式的技术进步的 Cobb-Douglas 函数（参见 3.2 节）：

$$\beta(\lambda,\tau)=be^{\theta\tau}\lambda^{1-p},0<p<1,\theta>0.$$

针对 OP3，可建立模拟性质 B 的常态大道定理。相应的大道路径如下：

$$\bar{\lambda}(t)=C\exp(\theta t/p),\bar{a}(t)-t\equiv A,t\in[t_0,\infty),$$

其中 A 和 C 是常数，它们由某一非线性方程组唯一确定。

因此，在带有指数形式技术进步的 Cobb-Douglas 函数条件下，积分模型（5.8）~（5.9）的大道机制是设备单元生存期 $t-\bar{a}(t)$ 不变以及新设备单元的成本呈指数增长。这些大道性质与前面提到的其他生产函数或者多种技术进步的动态性是不同的。

6.2.3 设备最优生产率的选择

到目前为止，我们都是假设技术进步动态性是给定的，且独立于各经济变量。然而实际上，技术进步的变化率受到各经济变量的影响是在情理之中的，比如革新（R&D 的投资）等。为了考察这样的假设对最优设备单元生存期行为的可能影响，我们将对模型进行修正，以考察用于革新的经济行为会带来什么样的回馈。

最简单的回馈假定新设备单元效率（物化型技术进步效率）的增长会直接受到特定的瞬时革新方法的控制，基于此，给出单部门的积分模

型 (5.10)~(5.11) 中设备单元的生产率函数 $\beta(\tau, t)$，形式如下：

$$\beta(\tau) = \beta_0 + \int_{\tau_0}^{\tau} \eta(t) dt, \text{ 即 } \beta'(\tau) = \eta(\tau),$$

其中：函数 $\eta(t)$ 是新的内生模型变量。

相应的优化问题（记作 OP4）则在于需要确定 $a(t)$，$\eta(t)$，$m(t)$，$Q(t)$，$t \in [t_0, T]$，$T \leqslant \infty$，以使得下列函数最大化：

$$I_3 = \int_{t_0}^{T} \rho(t)[Q(t) - \gamma(t)\eta(t) - \lambda(t)m(t)]dt \to \max_{\eta, a, m} \quad (6.10)$$

其中 $P(t)$，$\lambda(t)$，$\gamma(t)$，$\rho(t)$，$t \in [t_0, T)$ 给定，约束等式为式 (6.2) 和式 (6.3)，初始条件为式 (6.6)，约束不等式为式 (6.4) 和式 (6.5) 以及 $0 \leqslant \eta(t) \leqslant \eta_{\max}(t)$。

为了和 OP1 相区分，加入了一个新的未知控制函数 $\eta(t)$，它代表在时刻 t 处出现的设备单元的生产率的增长，而新给定的另一个函数 $\gamma(t)$ 则用来表示提高每单位设备单元生产率（用产出 Q 来衡量）的投入。

可知，最优控制 $\eta^*(.)$：$\eta^*(t) = 0$ 或 $\eta^*(t) = \eta_{\max}(t)$ 不存在区间机制。而且，当 $\gamma'(t) \geqslant 0$ 时，最优控制 $\eta^*(.)$ 结构如下：

$$\eta^*(t) = \begin{cases} \eta_{\max}(t), & t \in [t_0, \mu) \\ 0, & t \in [\mu, T) \end{cases}, \quad t_0 \leqslant \mu < T,$$

因此，设备单元生产率增长的控制要强于其他的经济控制。

6.2.4 R&D 的瞬时投入研究

针对一个大型的经济系统，若将新的设备单元加入到运营当中，则发生的各种投入还应该包括每个新设备单元的投入和用于开发此类型设备单元的成本（设备单元创新）。

在接下来的两小节当中，我们假设已知物化型技术进步率，但还需要了解用于新设备创新的专项 R&D 投资。换句话说，我们把开发新设备单元的投入纳入到单一部门基本优化问题模型之中。为了简单起见，假定 R&D 投入是瞬时的（在下一节的讨论中，会去掉这个约束）。

关于新设备单元创新的瞬时投入的产出最大化问题（记作 OP5）由未知函数 $a(t)$，$m(t)$，$Q(t)$，$t\in[t_0, T]$，$T\leqslant\infty$ 确定，它们使得下列函数最大化：

$$I_4 = \int_{t_0}^T \rho(t)[Q(t) - \lambda(t)m(t) - \chi_m(t)\mu(t)]dt \to \max_{a,m}, \quad (6.11)$$

其中：$\chi_m(t) = \begin{cases} 1, & m(t) > 0 \\ 0, & m(t) = 0 \end{cases}$ 来自单部门基本积分模型（5.10）～（5.11），约束条件是式（6.2）～（6.6）。除了创造设备单元的成本函数 $\mu(t)$ 是新给定的函数之外（用于新技术开发的 R&D 支出），其他函数保持不变。

式（6.11）说明：当且仅当在时刻 t 处产生了新的设备单元时（即 $m(t) > 0$），在该时刻才会需要开发新设备的投入 $\mu(t)$，否则这项投入等于 0。

与前面考察的积分经济模型中所有的优化问题相比较，当 $\beta(\tau)$ 严格递增时，OP5 存在多个极值，而且可以有两个极大值：

- $m_1^*(t) \equiv 0$，缺少新技术投资；
- $m_2^*(t) > 0$，当 $t \in \Delta \subset [t_0, T]$，$mes\Delta > 0$。

非平凡解 $m_2^*(t)$，$t \in [t_0, T]$ 的结构与前面 OP1 中解的结构相类似。然而，在这种情况中却不存在大道定理。尽管如此，仍然存在趋向于某些"良好机制"(m, a) 的非平凡解。例如：在特殊情况下，$\beta(\tau) = c_1\tau + c_2$，$\lambda = C$，$m_0 = C$，$\rho = e^{-dt}$（$C$ 为常数），正如在 OP1 中的解 $a_2^*(t)$ 趋近于 $\bar{a}(t) = t - A_1$。不过，函数 $\bar{a}(t) = t - A_1$ 不是一条大道路径，原因在于常数 A_1 取决于初始值 m_0。

6.2.5 R&D 的分布式投入

现研究前面优化问题的一个修正：新设备单元开发的分布式（按时间）投入（即 R&D 的分布式投入）。

这一优化问题（可记作 OP6）在于确定未知函数 $a(t)$，$m(t)$，$Q(t)$，$\sigma(\tau, t)$，τ，$t \in [t_0, T]$，$T \leqslant \infty$，以使得下列函数最大化：

$$I_5 = \int_{t_0}^{T} \rho(t)[Q(t) - \lambda(t)m(t) - \int_{t}^{T} \sigma(t,v)\mathrm{d}v]\mathrm{d}t \to \max_{a,m,\sigma},$$
(6.12)

约束条件是式（6.2）~（6.6）以及式（6.13）~（6.14），并有

$$\int_{t_0}^{t} \sigma(\tau,t)\mathrm{d}\tau = \chi_m(t)\mu(t),$$
(6.13)

$$0 \leqslant \sigma(\tau,t) \leqslant \Omega(t), \tau, t \in [t_0, T)。$$
(6.14)

与前面的 OP5 比较会发现，用于未来时刻 t 的新技术开发而在时刻 τ 处发生的投入 $\sigma(\tau, t)$，在这里是一个附加控制函数并受式（6.14）的约束。模型中其他的函数与 OP1 和 OP5 中的相同。

该问题包含状态方程（6.13）。式（6.13）在控制量 m 处并不连续。可证最优控制函数 $\sigma^*(.,.)$ 服从控制量 $m^*(.)$ 并以式（6.14）的定义域为边界。最优解 $m^*(.)$ 的结构是前述问题 OP5 解结构的模拟。如果 $\Omega(t)=\infty$（此时存在用于新技术中的瞬时投资），那么问题 OP5 和 OP6 是等价的，这使得 OP6 和 OP5 具备相同的性质，特别是也存在两个极值。

本节的模型引申出了不同的定性性质，包括大道性质的存在或者不存在。这是因为它们都包含了经济系统的不同目标和各种特点。大道性质的共性在于：它们不依赖于极值标准和初始条件，而是由诸如 β，λ，γ，δ 等这些内部经济特征来决定，这些特征能够刻画优化问题的要点。总之，不同的大道路径说明了经济发展的几种基本趋势。

6.3 两部门自我发展经济模型

本节描述的是两部门自我革新的经济积分模型（5.16）~（5.18）中的最优策略与通过外部力量更新的系统模型（5.8）~（5.9）中最优策略之间的关系。

两部门模型（5.16）~（5.18）的优化问题研究的是在一个预定区间

$[t_0, T]$, $T \leqslant \infty$ 上，消费品折旧产出的最大化：

$$I = \int_{t_0}^{T} \rho(t)c(t)\mathrm{d}t \to \max_{y,a,m}, \quad (6.15)$$

其中劳动力 $P(.)$ 既定。

这一优化问题在于确定未知函数 $y(\tau, t)$，$a(t)$，$m(t)$，$c(t)$，$t \in [t_0, T]$，$\tau \in [a(t), t]$，以使得函数（6.15）最大化，约束条件为等式（5.16）~（5.18）和不等式（6.16）~（6.17）：

$$0 \leqslant y(\tau, t) \leqslant 1, \quad (6.16)$$

$$a'(t) \geqslant 0, \quad a(t) < t, \quad m(t) \geqslant 0, \quad (6.17)$$

初始条件为：

$$a(t_0) = a_0, m(\tau) = m_0(\tau), y(\tau, t) = y_0(\tau), \tau \in [a_0, t_0]。 \quad (6.18)$$

优化问题确保下列过程同时出现最优化：

- 通过选择未知设备单元的生存期 $t - a(t)$ 和新出现的设备单元的数量 $m(t)$ 来更新设备单元的技术结构；
- 通过选择部门 A 和 B 生产的设备单元的分布 $y(\tau, t)$ 来改变设备单元的功能结构。

与前面的单一部门模型相比较，新的经济控制变量是生产部门之间的设备单元分布 $y(.,.)$（投资率）。有关详细分析见 5.5 节。

6.3.1 两部门模型简化为单部门模型

两部门模型（5.16）~（5.18）中的优化问题（6.15）~（6.18）能够化为更为简单的 2 个问题的连续性研究：

- 通过确定未知控制函数 $a(t)$ 和 $m(t)$ 去实现设备单元结构更新强度的优化；
- 确定 A 和 B 两部门之间对应的设备单元的最优分布 $y(\tau, t)$。

即假设式（6.19）成立时，

$$\alpha'_\tau(\tau, t)/\alpha(\tau, t) \equiv \beta'_\tau(\tau, t)/\beta(\tau, t), \quad (6.19)$$

再来考虑两部门模型 (5.16)~(5.18)，也就是说，在部门 A 与 B 中，物化型技术进步的相对变化率相同。这种假设在大型宏观经济系统中是常见的，而且许多宏观经济模型都采纳了这一假设。从式 (6.19) 可知 $\partial[\beta(\tau, t)/\alpha(\tau, t)]/\partial\tau \equiv 0$，而且

$$\beta(\tau,t) \equiv \lambda(t)\alpha(\tau,t), \tag{6.20}$$

用式 (6.20) 替换掉模型 (5.16)~(5.18) 中的对应部分，则会发现最优函数式 (6.15) 变成：

$$I = \int_{t_0}^{T} \rho(t)[Q(t) - \lambda(t)m(t)]\mathrm{d}t \to \max_{a,m}, \tag{6.21}$$

其中 $Q(t) = \int_{a(t)}^{t} \beta(\tau,t)m(\tau)\mathrm{d}\tau$。 $\tag{6.22}$

显而易见，联合式 (6.22) 和式 (5.18) 便能构成单部门模型 (6.2)~(6.3)。$\lambda(t)$ 则是新设备单元成本函数（成本为计量单位）。

因此，两部门模型 (5.16)~(5.18) 中的优化问题 (6.15) 可简化成单部门模型 (6.21)，这一最大化问题中带有未知函数 $a(t)$，$m(t)$，$c(t)$，$t \in [t_0, T]$。这种优化问题已经在 6.1 节中讨论过了（即 OP1）。但我们应注意该优化问题没有包括未知函数 $y(\tau, t)$，所以 6.1 节中的所有结论对两部门模型中的优化问题 (6.15) 来说都成立（式 (6.19) 为假设条件）。

6.3.2 设备单位的最优分布

让我们再回到初始的优化问题上来，其中 $y(.)$，$a(.)$ 和 $m(.)$ 是未知函数，$m^*(t)$ 可在 6.1 节中求出，但仍然还需要明确与 OP1 的解 $m^*(t)$ 相对应的 $y^*(\tau, t)$（如果有的话）。

考虑当 $y(\tau, t) \equiv y(\tau)$ 时的情况。存在优化问题的一个可衡量的解 $y^*(.)$，而且，一般来说，$y^*(.)$ 具备开关特征。虽然对应的 $m^*(.)$ 和 $a^*(.)$ 与 OP1 的解并不一致，但在较大的区间 $[t, T]$ 上，$a^*(.)$ 趋近于前面描述的大道路径 $\bar{a}(.)$。因此，在这类优化问题中大道性质得以保留，但与单部门模型相比较而言这些性质要相对弱一些。

第6章 经济革新的优化模型

一般情况下，优化问题有一个解集 $y^*(\tau, t)$，$0 \leqslant y(\tau, t) \leqslant 1$，$\tau \in [a^*(t), t]$，$t \in [t_0, T]$，集合中的每个解都能够对应 6.1 节中描述的最优路径 $m^*(.)$ 和 $a^*(.)$。对于任意固定的时刻 t，这些解 $y^*(\tau, t)$ 在 τ 处围绕唯一确定的平均值 $y^{**}(t)$ 来回振荡。$y^{**}(t)$ 是一个关于 t 的函数，而且当 $y(\tau, t) \equiv y(t)$ 时，函数 $y^{**}(t)$，$t \in [t_0, T]$ 是优化问题的唯一解。

可见，与 Solow-Shell 宏观经济模型不同（参见 2.3 节），最优控制 $y^*(.)$ 不具备大道性质（同时最优路径 $m^*(.)$ 也不具备大道性质），只有两部门模型 (5.16)～(5.18) 中的最优路径 $a^*(.)$ 具备大道性质。

应该指出的是，在物化型技术进步条件下，两部门自我更新的宏观经济模型同时加入了系统内部废弃设备单元的清除过程和新设备单元的生产过程。

模型建立了最优技术更新的大道性质，进一步分析了相应设备单元的最优分布。所得结论能够帮助我们发现自我革新经济系统新的重要趋势（N. Hritonenko & Yu. Yatsenko，1996）。

经济、生态与环境科学中的数学模型

第 2 部分

生态和环境模型

第2部分 生态和环境模型

一般地，可按照以下三个发展方向对大型生态和环境系统的数学模型进行分类：
- **生物区模型（生物群落）**
- **无机自然模型（自然环境，不包括生物区）**
- **人类活动模型（首先要包括经济活动）**

上个世纪，随着 P. E. Verhulst，A. J. Lotka，V. Volterra 及其他人员的率先研究，已经成功地发展了有关狭义生态学（参见前言定义）的第一类数学模型。生态群落模型呈现出的重要特征是，数学化水平很高。这些模型将在第 7 章有所介绍。

通常将第二类模型和环境状态模型视为一体（以无机自然情况为主）。所以此类模型又可以细分为无机环境中（大气、水、土地等）不同组成的模型，模型主要的应用方面是这些不同组成部分的污染净化过程。这些过程常伴有复杂的物理和化学性质，并通过特定的数学方法来描述。空气和水介质的污染传播模型将在第 8、9 章有所介绍。

第三类模型是本书中第一部分讨论的主题。在第三部分（第 10～14 章）中，将运用此类模型来考察经济活动是如何影响环境的。

第7章 生物群落数学模型

动物和植物群落的数学模型在解析理论方面与计算机模型仿真方面都已经取得了全面的发展，并将各种外生和内生（外部的和内部的）要素的联合影响与滞后都考虑进来。很多模型运用了大量复杂的数学方法，包括：偏微分方程、积分方程、差分方程和优化方法等。这样，研究面临的一个主要问题是：如何选择一个模型，并通过模型目标与仿真复杂性来验证这个选择的正确性。

7.1 单物种种群的动态模型

在这一节我们将考虑几个著名的单物种

种群的动力学模型。

7.1.1 Malthus 模型

这是描述种群的第一个数学模型，采用的形式是微分方程（T. Malthus，1802）：

$$dN/dt = lN - dN,$$

其中 $N(t)$ 代表种群规模（个体数量之和），系数 l 和 d 分别代表固定的出生率和死亡率，或采用方程：

$$dN/dt = \mu N, \tag{7.1}$$

其中系数 $\mu = l - d$ 是种群的固有的增长率。

方程 (7.1) 是最简线性微分模型，其解为指数函数

$$N(t) = N(t_0)\exp(\mu t)。$$

事实上，当且仅当满足食物资源无限以及缺乏竞争时（即种群规模 $N(t)$ 不大），模型 (7.1) 才有效。现实中的种群规模是有界的，即当 $t \to \infty$ 时，$N(t)$ 逼近某个值 K（称作环境容量）。

种群规模有限的环境容量，是指某个种群在给定的生存区域中若不存在其他种群，该种群可能达到的数目。它用于描述特定种群的潜在的可能的平均数量。

7.1.2 Verhulst-Pearl 模型

该模型由如下非线性微分方程给出（P. E. Verhulst，1838；R. Pearl，1928）：

$$dN/dt = \mu N(1 - N/K), \tag{7.2}$$

其中，乘积因子 $(1 - N/K)$ 代表人口增长的平均上限。

这一简单描述给出了微生物、植物、动物和人类等许多种群的相当真实的增长规律。

模型分析：

- 静态路径（不依赖于 t）：当 $dN/dt = 0$ 时，我们可得

$$\mu N(1-N/K)=0,$$

因此,模型(7.2)有两种均衡状态:$N=0$ 时为非稳态;$N=K$ 时为稳态。

- 非线性方程(7.2)的解析解形式如下:

$$N(t)=K/(1+C\exp(\mu t)),C \text{ 为任意常数}。 \tag{7.3}$$

这就是著名的 logistic 曲线(S 形曲线、Verhulst 曲线),见图 7—1。易知,当 $t\to\infty$ 时,$N(t)\to K$,且增长率 $N'(t)$ 在点 $N=K/2$ 处取得最大值。

- 当 $N/K\ll 1$ 时,模型(7.2)则逼近于 Malthus 模型(7.1)。

等式(7.3)反映了食物资源随种群的增长而减少,在这样的关系当中,种群增长速度是递减的,且种群规模趋向于有限的环境容量 K。

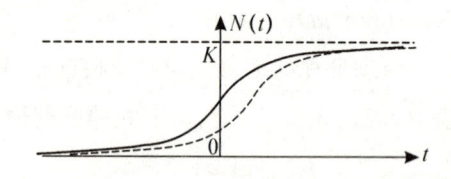

图 7—1 logistic 曲线(Verhulst-Pearl 种群模型路径)

7.1.3 带有遗传效应的 Volterra 模型

该模型描述了单一物种种群通过自身新陈代谢产生的废物所带来的自愿醉态过程,可利用如下的微分积分方程表示这一模型,方程的未知函数是种群规模 $N(t)$:

$$\mathrm{d}N/\mathrm{d}t = \mu N(1-N/K-\int_0^t f(t-\tau)N(\tau)\mathrm{d}\tau)。 \tag{7.4}$$

方程(7.4)是 Verhulst-Pearl 模型(7.2)的一个修正:加入了积分时滞(遗传的)表达式,用它来代表由分解代谢效应所引发的增长率 μ 的降低。被积函数 $f(t-\tau)$ 被称作遗传函数,它决定着在时刻 τ 处的过程背景对于种群动态变化的影响(过程背景间隔为 $t-\tau$,t 为现在时刻)。

在某些假设下,方程(7.4)有唯一解 $N(t)$,该解趋近于如下种群均衡（静态）状态：

$$\hat{N} = K(1 + K\int_0^\infty f(t-\tau)N(\tau)\mathrm{d}\tau)^{-1}, t \to \infty 。$$

模型（7.4）将区间 $[0, t)$ 上的分布式时滞考虑进来，该时滞常被称作过程滞后（如传染病）。

如果将集中（点）时滞引入到 Verhulst-Pearl 模型中，它将变成如下时滞（延迟）微分方程：

$$\mathrm{d}N(t)/\mathrm{d}t = \mu N(t)(1 - N(t-T)/K)。 \tag{7.5}$$

若给定时滞参数 $T > 0$ 的不同值，则方程（7.5）的解会围绕"环境容量" K 值来回振荡。模型（7.5）只考察了过去某一时刻的影响，该时刻与当前时刻 t 的时间间隔为 T（这种影响对单一季节性繁殖的微生物群落是十分显著的）。

7.2　两物种种群的动态模型

7.2.1　两物种种群的 Lotka-Volterra 模型

该模型可能是数量生态学中最著名的数学模型，它由下面的非线性微分方程组描述（A. J. Lotka，1924；V. Volterra，1926）：

$$\begin{aligned}\mathrm{d}N_1(t)/\mathrm{d}t &= N_1(t)(\varepsilon_1 + \gamma_1 N_2(t)),\\ \mathrm{d}N_2(t)/\mathrm{d}t &= N_2(t)(\varepsilon_2 + \gamma_2 N_1(t)),\end{aligned} \tag{7.6}$$

其中 N_i 是第 i 个物种的数量，系数 ε_i 是相应的出生率（死亡率），系数 γ_i 代表物种间的相互作用，$i = 1, 2$。

通过系数 ε_i，γ_i（$i = 1, 2$）的符号，模型（7.6）可表达双物种种群中不同关系类型的最简数学描述。关系类型如下：

- $\varepsilon_1 > 0$，$\varepsilon_2 > 0$，$\gamma_1 < 0$，$\gamma_2 < 0 \Rightarrow$ 竞争（两物种交互作用均为负）；
- $\varepsilon_1 > 0$，$\varepsilon_2 < 0$，$\gamma_1 < 0$，$\gamma_2 > 0 \Rightarrow$ "捕食者—猎物"关系或"寄生—宿主"关系（交互作用为：物种 1 为负，物种 2 为正）；
- $\varepsilon_1 > 0$，$\varepsilon_2 > 0$，$\gamma_1 > 0$，$\gamma_2 > 0 \Rightarrow$ 共生（两物种交互作用均为正）；

- $\varepsilon_1 > 0$，$\varepsilon_2 > 0$，$\gamma_1 < 0$，$\gamma_2 = 0 \Rightarrow$ 偏害共栖（交互作用为：物种 1 为负，物种 2 为中性）；
- $\varepsilon_1 > 0$，$\varepsilon_2 > 0$，$\gamma_1 > 0$，$\gamma_2 = 0 \Rightarrow$ 共栖（交互作用为：物种 1 为正，物种 2 为中性）。

上述交互作用类型的定性行为是不同的（即模型（7.6）的路径有不同的动态表现），这些行为既可能简单，也可能十分复杂。

由此可见，类型 1 属于简单的类型（竞争——两物种争夺相同的资源）。分析这种类型会发现，出生率低且对食物短缺更为敏感的两物种终究是会消亡的：如果 $\varepsilon_j/(-\gamma_j) < \varepsilon_k/(-\gamma_k)$，那么当 $t \to \infty$ 时，$N_j \to 0$。

最为有趣而又复杂的动态变化是"捕食者—猎物"群落的内在性。在不同的初始条件下，数量生态学对于这种模型做了大量的研究和分析，模型（7.6）中的此类情况将在下一节中介绍。

值得一提的是，在生态学领域首次提出的 Lotka-Volterra 模型（7.6）如今也被用来描述许多其他领域的工作，如：特定的化学氧化反应、军事问题的对抗互联以及技术进步中的革新传播等（最后一项的应用已在 5.6 节介绍过）。

7.2.2　Volterra "捕食者—猎物"模型及其分析

该模型是模型（7.6）的一个变形，通过下列微分方程组进行描述，其中的系数 ε_1，ε_2，γ_1，γ_2 均大于零：

$$\begin{aligned} dN_1/dt &= N_1(\varepsilon_1 - \gamma_1 N_2), \\ dN_2/dt &= N_2(\gamma_2 N_1 - \varepsilon_2)。 \end{aligned} \tag{7.7}$$

这里的 N_1 是猎物的数量，N_2 是捕食者的数量，系数 ε_1 表示猎物的出生率，系数 ε_2 表示捕食者的死亡率，表达式 $\gamma_1 N_1 N_2$ 代表由捕食者对猎物种群造成的破坏，表达式 $\gamma_2 N_1 N_2$ 代表由于捕杀猎物而导致的捕食者的增加。

模型分析：

1. 模型有以下奇异机制：
- 平凡均衡态 $N_1 = N_2 \equiv 0$（即没有猎物也没有捕食者）；

- 当 $N_1 \equiv 0$ 时，$N_2(t) = N_2(0)\exp(-\varepsilon_2 t)$（没有猎物则捕食者将会消失）；
- 当 $N_2 \equiv 0$ 时，$N_1(t) = N_1(0)\exp(\varepsilon_1 t)$（由于模型没有考虑到猎物食物资源的枯竭，这样，捕食者的缺乏将会使猎物无限繁殖）；
- 非平凡均衡态 $N_1^* = \varepsilon_2/\gamma_2$，$N_2^* = \varepsilon_1/\gamma_1$（捕食者和猎物彼此之间相互制衡）。

2. 相图。它代表在相平面上（带有坐标 N_1，N_2 的图）所绘制的方程组（7.7）的所有解，如图 7—2 中的一系列封闭曲线：
$$\gamma_1 N_1 - \varepsilon_2 \ln N_1 + \gamma_2 N_2 - \varepsilon_1 \ln N_2 = C, C 为常数。$$

当参数 $C > 0$，C 取不同的值时，则会对应不同的曲线，当 $C \ll 1$ 时曲线趋向于椭圆形，而当 $C \gg 1$ 时曲线趋向于一个三角形。

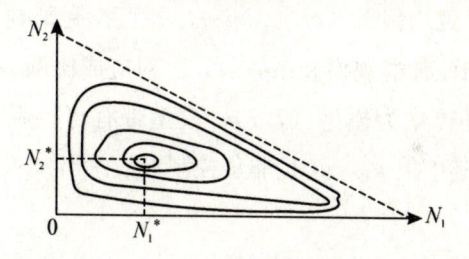

图 7—2 Volterra "捕食者—猎物" 相图

从图 7—2 易见，均衡状态（N_1^*，N_2^*）是 "中心" 型，即方程组的解 $N_1(t)$ 和 $N_2(t)$（其中 $N_1(t)$ 为猎物数量，$N_2(t)$ 为捕食者数量）围绕（N_1^*，N_2^*）做无阻尼振荡。其他均衡状态的可能类型将在 7.2.3 节中介绍。

3. 当 C 值较大时，有必要分析解 $N_1(t)$ 和 $N_2(t)$ 的渐近行为。渐近过程的四个阶段如下，如图 7—3 所示：

- 当大量的猎物转为大量的捕食者时（$N_1(t) + N_2(t) \approx C$，见图 7—3 中的 T_1 区域），猎物 "进食"；
- 当缺少猎物时（$N_1(t) \approx 0$，$N_2(t) \to 0$，见图 7—3 中的 T_2 区域），捕食者 "死亡"；
- 当捕食者和猎物极少相遇时（$N_1(t) \approx 0$，$N_2(t) \approx 0$，见图 7—3 中 T_3 区域），猎物不受捕食者的控制；

- 当捕食者的数量很少时（$N_2(t)\approx 0$，$N_1(t)\to C$，见图7—3中的区域 T_4），猎物繁殖。

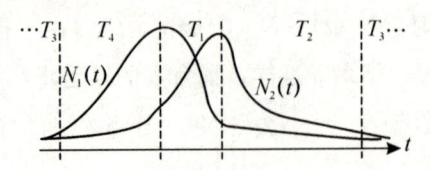

图7—3 当 $C\gg 1$ 时 Volterra "捕食者—猎物"模型路径

如图7—3所示，这些阶段的时期实际上差别很大（例如，数值分析显示，当 $\varepsilon_1/\gamma_1 = \varepsilon_2/\gamma_2 = 1$，$C=10$ 时，$T_1\approx 0.46$，$T_2\approx 2.3$，$T_3\approx 10$，$T_4\approx 2.3$）。

4. 考察"捕食者—猎物"群体控制问题中的一个简单例子。假设目标是改变非平凡均衡态 (N_1^*, N_2^*)，并且控制影响依赖于种群规模的人为减少，则该种群规模和系数 ε_1，ε_2 对应成比例。

这个问题可转化为模型 (7.7)，模型带有可控系数 $\bar\varepsilon_1 = \varepsilon_1 - u_1$ 和 $\bar\varepsilon_2 = -\varepsilon_2 - u_2$，其中值 u_1，u_2 是非负控制参数。当 $u_1 < \varepsilon_1$ 时，受控群体存在均衡状态

$$N_1^* = (\varepsilon_2 + u_2)/\gamma_2, \quad N_2^* = (\varepsilon_1 - u_1)/\gamma_1 。$$

可见，N_1^* 随着 u_2 的增加而增加，而 N_2^* 随着 u_1 的增加而减少。而当 $u_1 < \varepsilon_1$ 时，非平凡均衡态不存在，且 $N_1(t)$ 和 $N_2(t)$ 变得越来越小。

很多两物种种群的交互作用的实用模型已经详细考察了这种交互作用的机制。比如：Holling 模型包含了进攻阈值、搜寻时间、追捕、猎物进食、两次成功捕获之间的时间间隔及其他因素。一些相类似的模型将在下节介绍。

7.2.3 "捕食者—猎物"广义模型

关于"捕食者—猎物"群体有很多种广义模型，其中最著名的一个是下面的 Kolmogorov 模型：

$$\begin{aligned} dN_1/dt &= N_1 g_1(N_1) - N_2 L(N_1), \\ dN_2/dt &= N_2 g_2(N_1, N_2) 。\end{aligned} \quad (7.8)$$

其中 $L(N_1)$ 称为捕食者流量函数（每单位时间内一个捕食者对猎物的消耗量），系数 g_i 为捕食者与猎物的固有增长率。

为了考察"捕食者—猎物"群体动态学中的不同模式，要对广义模型（7.8）作出很多的改动和修正。例如：

- $g_1(N_1) = \varepsilon_1 - \gamma N_1$——猎物物种内部的竞争数目。
- $g_2(N_1, N_2) = \varepsilon_2 - \alpha N_2/N_1$ 或 $g_2(N_1, N_2) = \varepsilon_2 - \alpha N_2 N_1$ 或 $g_2(N_1, N_2) = \varepsilon_2[1 - \exp(-\alpha N_1)]$——猎物种群的有界性。
- $L(N_1) = \alpha N_1/(1+\beta N_1)$ 或 $L(N_1) = \alpha[1 - \exp(-\beta N_1)]$——捕食者种群的有界性。

下面先简单考察包括猎物物种内部竞争的"捕食者—猎物"模型：

$$dN_1/dt = N_1(\varepsilon_1 - \gamma_1 N_2 - \gamma_2 N_1),$$
$$dN_2/dt = N_2(\gamma_2 N_1 - \varepsilon_2)。$$

与模型（7.7）相对照会发现，它的解 $N_2(t) < \varepsilon_1/\gamma_1$，即当 $N_2 \equiv 0$ 时，猎物种群规模有界。而上述模型的非平凡均衡态的形式为：

$$N_1^* = \varepsilon_2/\gamma_2, N_2^* = (\varepsilon_1 \gamma_2 - \varepsilon_2 \gamma_1)/(\gamma_1 \gamma_2)。$$

当 $\gamma > 0$ 时，它是渐近稳态的。均衡状态是一个"稳定结点"类型（见图7—4（b））或者"稳定焦点"类型（见图7—4（c））中的奇点。正如前一小节所述，Volterra 模型（7.7）中的均衡状态是"中心"型（无阻尼振荡），而不是渐近稳态型。

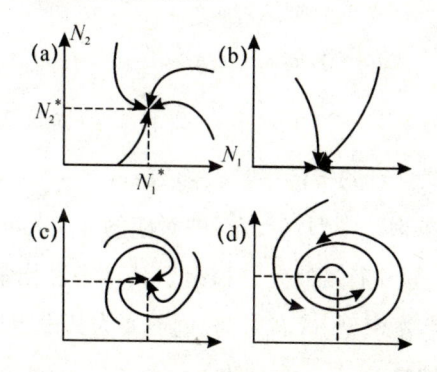

图7—4　Kolmogorov"捕食者—猎物"模型相图

在一般情况下，Kolmogorov 模型（7.8）具有图 7—4 中所描述的几种不同路径行为的相图。在给定条件下，非平凡均衡态（N_1^*，N_2^*）符合下列类型之一：

- 一个"稳定结点"——图 7—4（a）和 7—4（b）；
- 一个"稳定焦点"——图 7—4（c）；
- 一个"非稳定焦点"（具有稳定极限圈）——图 7—4（d）。

在最后一种情况中，猎物数量 $N_1(t)$ 和捕食者数量 $N_2(t)$ 对应着渐近稳态无阻尼振荡。Adler F.K.（1998）详细阐述了初级水平的相平面和相图问题。

7.2.4 "捕食者—猎物"个体迁移模型

如果个体迁徙具备随机特性，那么这个过程就和气体（或液体）分子的随机游动十分类似，并可以用扩散方程来描述这一过程。在空间分布的许多应用问题中，扩散方程的作用十分重要。8.1 节将详细讨论大气中空气污染传播和扩散过程的方程推导。

S 代表"捕食者—猎物"种群的二维平面，设其内的一点为（x，y），时间为 t，函数 $\varphi_1(x, y, t)$ 和 $\varphi_2(x, y, t)$ 分别代表猎物和捕食者的种群密度（在空间种群模型中，密度表示每单位空间内的个体数目）。过程模型形式如下：

$$\partial \varphi_1 / \partial t = \kappa_1 \Delta \varphi_1 + \varepsilon_1 \varphi_1 - \gamma_1 \varphi_1 \varphi_2,$$
$$\partial \varphi_2 / \partial t = \kappa_2 \Delta \varphi_2 + \gamma_1 \varphi_1 \varphi_2 - \varepsilon_2 \varphi_2, \tag{7.9}$$

其中，$\Delta = \partial^2 / \partial x^2 + \partial^2 / \partial x^2$ 是二维拉普拉斯算子（参见 8.2 节），κ_1，κ_2 是猎物和捕食者的扩散系数。参数 ε_1，ε_2，γ_1，γ_2 的含义与 Volterra "捕食者—猎物"模型（7.7）中对应的含义相同。

模型（7.9）是一个偏微分方程组，其动态性比常微分方程更加可行和复杂。为了考察模型（7.9），我们需要为其设定初始条件和边界条件。标准初始条件是：

$$\varphi_i(x, y, 0) = f_i(x, y), \quad i = 1, 2。$$

如果 S 是封闭的，那么必须有边界条件，例如：
$$\partial \varphi_i / \partial n_s = 0, \ i = 1, 2,$$
其中 n_s 是平面 S 的边界 ΩS 的一条法线（该条件说明个体的迁徙范围不能超越边界 ΩS）。分析显示，在这种情况下，方程组（7.9）具备空间周期性非齐次解，也就是说，猎物和捕食者的种群密度在区域 S 中的不同点处会呈现出周期性的变化。

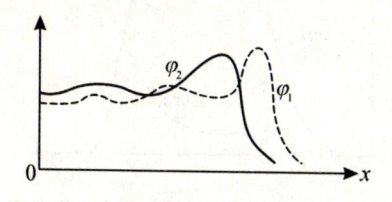

图 7—5　个体迁徙模型中的"捕食者—猎物"曲线

如果平面 S 不是封闭的，那么方程组（7.9）有一个行进性波形振荡解。当 $\kappa_1 \ll 1$ 时，猎物的初始分布为 $f_1(x) = A\exp(-b|x|)$，可将问题（7.9）看成一个特殊的一维情况。然后，引入新的因变量：$z = x - \delta t$（其中 δ 是未知波形速率），这样可以解出方程组（7.9）的渐近解 $\varphi_i(x - \delta t)$，$i = 1, 2$。当 t 值固定时，渐近解在图 7—5 中的坐标是 (φ_i, x)。从图 7—5 中可以发现，捕食者的波形是如何追随猎物的波形而运动的。

7.3　取决于年龄的种群动态变化模型

种群的年龄分布是影响种群动力学的主要内生的（内部的）因素之一。个体的出生率和死亡率都取决于它们的年龄，所以对于一个种群的理性开发必须要考虑到它的年龄结构。

7.3.1　线性偏微分模型

首先考察单一物种种群，并引入下列函数：
- $x(\tau, t)$——种群的年龄分布密度（时间 t 处年龄为 τ 的个体的数目）。

- $m(\tau, t)$ ——特定年龄的出生率（时间 t 处年龄为 τ 的某一个体在每单位时间内繁殖的平均个体数目）。
- $d(\tau, t)$ ——特定年龄的死亡率（时间 t 处年龄为 τ 的个体在每单位时间内的死亡数目）。

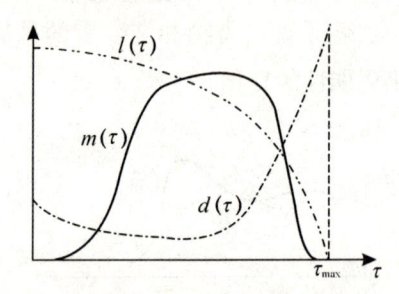

图 7—6 年龄为 τ 的出生率 $m(\tau)$、死亡率 $d(\tau)$ 和衰弱率 $l(\tau)$ 的相关性

种群规模（所有年龄段的个体数目）为：

$$N(t) = \int_0^T x(\tau, t) \mathrm{d}t ,$$

总出生率为：

$$B(t) = \int_0^T m(\tau, t) x(\tau, t) \mathrm{d}t ,$$

其中 T 是最大的年龄。种群动态学通过所谓的演化方程来描述。这个方程在各种应用中都起到了很重要的作用（参见第一节），因此我们在这里给出它的构建过程。

模型构建：

1. 在时间间隔 $[t, t+\Delta]$ 内，个体的年龄随着 Δ 的值递增，所以在时间 t 处年龄为 τ 的个体数目 $x(\tau, t)$ 的变化率等于 $(x(\tau+\Delta, t+\Delta) - x(\tau, t))/\Delta$；或者取极限：当 $\Delta \to 0$ 时，我们可以得到 $\partial x / \partial \tau + \partial x / \partial t$。

如果不考虑个体的迁徙，那么种群规模改变的唯一因素是由死亡而导致的个体数目减少。从而，种群动力学方程形式如下：

$$\partial x / \partial \tau + \partial x / \partial t = -d(\tau, t) x(\tau, t) \tag{7.10}$$

式（7.10）即为演化方程。

2. 新个体出现的过程可由等式 $x(0, t) = B(t)$ 表示或者由出生方程（7.11）表示

$$x(\tau,t) = \int_0^T m(\tau,t)x(\tau,t)\mathrm{d}t 。 \tag{7.11}$$

3. 年龄为 τ 的个体的初始分布（在时间 $t=0$ 处）：

$$x(\tau,0) = \varphi(\tau), \quad \tau \in [0,T] 。 \tag{7.12}$$

模型（7.10）~（7.12）通常被称作 Lotka-von Forrester 模型。

7.3.2 线性积分模型

静态环境下，上节中提到的函数 $m(\tau, t)$ 和 $d(\tau, t)$ 将不依赖于时间 t。

在模型（7.10）~（7.11）中，未知函数 $x(\tau, t)$ 取决于个体的年龄 τ 和当前的时刻 t。用个体的出生时刻 $\xi = t - \tau$ 替代年龄 τ，并引入函数 $\bar{x}(\xi, t) = x(t-\xi, t)$，那么方程（7.10）的形式变为：

$$\partial \bar{x}/\partial t = -d(t-\xi)\bar{x}(\xi,t),$$

则其解析解是：

$$\bar{x}(\xi,t) = \bar{x}(\xi,\xi)\exp\left(-\int_\xi^t d(\tau-\xi)\mathrm{d}\tau\right) 。 \tag{7.13}$$

引入一个新的一元函数：

$B(t) = \bar{x}(t, t) = x(0, t)$ ——出生密度，即在时刻 t 处每单位时间内的个体出生数目。

然后，用式（7.13）替代式（7.11）。可得下列种群动态学的线性积分模型：

$$B(t) = \int_{t-T}^t m(t-\xi)l(t-\xi)B(\xi)\mathrm{d}\xi, \tag{7.14}$$

初始条件为：

$$B(\xi) = \varphi(-\xi), \quad \xi \in [-T, 0] 。$$

该模型等价于微分模型 (7.10) ~ (7.12)。其中 $l(\tau)$ 为特定年龄的衰弱函数（时间 t 处仍生存的年龄为 τ 的个体特定部分），该函数和死亡率的关系是：

$$l(\tau) = \exp(-\int_0^\tau d(\xi)\mathrm{d}\xi)。$$

通过变量替换 $t - \xi \to \tau$，可将模型 (7.14) 化简为线性积分更新方程：

$$B(t) = B^-(t) + \int_0^t m(\tau)l(\tau)B(t-\tau)\mathrm{d}\tau, \quad t \geqslant 0, \quad (7.15)$$

其中 $$B^-(t) = \int_t^T m(\tau)l(\tau)\varphi(t-\tau)\mathrm{d}\tau, \quad 0 \leqslant t \leqslant T。$$

1911 年 A. J. Lotka 提出了积分模型 (7.15)，它用于描述在食物资源不受限制的条件下，静态环境中种群年龄的动态学问题。对于存在非静态环境、资源有限、种群间竞争及其他要素等更为一般的情况下，从微分转化为积分的模拟过程也是可行的。

较微分模型而言，积分模型的优点是降低了未知函数的维数，这便于理论上和数值上的处理。

7.3.3 非线性模型

在静态环境中，在考虑物种内部相互竞争的条件下，单物种种群依赖于年龄的最简非线性模型可以通过如下非线性演化方程来描述：

$$\partial x/\partial\tau + \partial x/\partial t = -[d(\tau) + \int_0^T b(\tau,\xi)x(\xi,t)\mathrm{d}\xi]x(\tau,t), \quad (7.16)$$

其中，函数 $b(\tau, \xi)$ 的特点是随着年龄为 τ 的个体死亡率递增，这种死亡率是由年龄为 t 的个体导致的（种群内部相互竞争）。而模型中的其他函数与模型 (7.10) 中的保持一致。

非线性积分模型

$$B(t) = \int_{t-T}^t m(t-\xi)\mathrm{e}^{-d(t-\xi)-\int_{t-T}^t b(t-\xi,t-\theta)B(\theta)\mathrm{d}\theta}B(\xi)\mathrm{d}\xi \quad (7.17)$$

描述的是相同的种群,而且定性等价于模型(7.16),也就是说,这两个模型间的定性行为是相同的,这一点将在下一节讲述。

7.3.4 分歧分析

分析非线性生态模型的主要方法是考察模型的稳态解以及新稳态解的参数分歧值。在本节中,我们以积分模型(7.17)为例阐述分歧分析的主要思想。

稳态解对应如下内容:

- **稳态年龄密度** $x(\tau, t) \equiv x_S(\tau)$。在式(7.16)的微分模型中,假设 $\partial x/\partial t \equiv 0$,那么会得到一个关于 $x_S(\tau)$ 的常微分方程组。
- **固定的总出生率** $B(t) \equiv B_S = C \geqslant 0$, C 为常数。在式(7.17)的积分模型中,用 B_S 作替换即可,然后求出变换后的非线性方程的解。

如果给定一个 B_S,则可从式(7.13)中得到对应的稳态密度 $x_S(\tau)$。

模型(7.17)的分歧分析:

设模型(7.17)的出生率是 $m(\tau) = \lambda \overline{m}(\tau)$,其中,$\lambda$ 是参数,该参数决定了出生密度,但不改变出生结构。若令 λ 与食物数量直接成比例,则模型(7.17)变为:

$$B(t) = \lambda \int_0^T \overline{m}(\tau) e^{-d(\tau) - \int_0^T b(\tau,\xi) B(\tau-\xi) d\xi} B(t-\tau) d\tau 。 \qquad (7.18)$$

若在模型(7.18)中令 $B(t) \equiv B_S$,则可得到如下关于稳态解 B_S 的非线性方程:

$$B_S \{ 1 - \lambda \int_0^T \overline{m}(\tau) e^{-d(\tau) - B_S \int_0^T b(\tau,\xi) d\xi} d\tau \} = 0 。 \qquad (7.19)$$

从式(7.19)可知,对任意 λ,都存在平凡稳态状态 $B_S^0 = 0$,而且对于很小的 λ 值,它是唯一的稳态状态。随着 λ 的增长,在达到某一值 $\lambda = \lambda^*$ 之前,模型均不会出现其他的稳态,λ^* 由式(7.20)给定:

$$R(\lambda) = \lambda \int_0^T \overline{m}(\tau) e^{-d(\tau)} d\tau = 1 。 \qquad (7.20)$$

值 $R(\lambda)$ 代表种群繁殖数量(生物的潜在性),用于描述某一个体在它生存期内后代的平均数量。实际上，对于稳态型的自然种群来说，$R \approx 1$。

值 $\lambda = \lambda^*$ 是一个分歧值：当 $\lambda > \lambda^*$ 时，会出现一个新的非平凡稳定状态 B_S^*（相当于非线性方程（7.19）的第二种解）。

换句话说，在坐标平面（λ，B）中，点（λ^*，0）是非线性方程（7.19）的分歧点，即在点 λ^* 的邻域内，解 $B(\lambda)$ 有三种情况：

- 当 $\lambda < \lambda^*$ 时 $\Rightarrow$ 存在一个分支（稳态零解 $B_S^0(\lambda) \equiv 0$）；
- 当 $\lambda > \lambda^*$ 时 $\Rightarrow$ 存在两个分支：非稳态零解 $B_S^0(\lambda) \equiv 0$ 和稳态正解 $B_S^*(\lambda)$。

上述解的状况如图 7—7 所示：

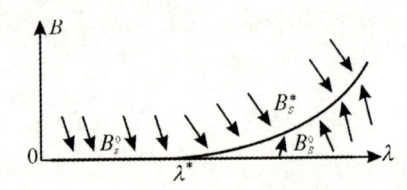

图 7—7 分歧点附近的非线性生态模型的稳态解

该图所描述的分歧机制的相位图同样适用于非线性微分模型（7.17）。

第8章 空气污染传播模型

大气作为模型目标,属于复杂系统,在大量自然要素与人为压力要素的交互作用的影响下构成。这两类要素都服从随机变化,涵盖范围从采用厘米衡量的局部模型到采用几千公里衡量的整体模型空间。

8.1 基本概念

首先设定几个基本概念,它们与大气和水环境中污染扩散过程的建模有关。

污染(pollution,contamination),是指对于环境来说异常的和有害的化学、物理、生物或其他物质（药剂）进入到环境中（或在环境中显现出来）。目前掌握的对环境有负效应的污染物质已经超过了 2 000 种。传播最为广泛的是二氧化碳 CO_2、一氧化碳 CO、二氧化硫 SO_2、二氧化氮 NO_2 和氨气 NH_3。

弥散（diffusion，拉丁语 diffusio-diffusion），是指在两种物质接触时，由于分子的热运动，一种物质的分子渗透到另一种物质分子里的基本过程。弥散使得空间物质浓度自动达到平衡。

水平对流（advection，拉丁语 advectio-delivering），是指一种气体或液体及其属性（如湿度、热度和污染等）所做的一种水平传播。

层理（stratification，拉丁语 stratum-layer＋facere-make），是指随着不同高度而产生的空气温度的垂直分布，层理决定着空气垂直传播的强度。水介质也同样存在层理的概念，即意味着在水库中，随着不同密度（密度决定着热交换和其他物理过程）会出现不同水层的垂直分布。

逆温（temperature inversion），是指大气状况，即与低层空气相比，高层空气拥有较高的温度。它会干扰污染物质的垂直扩散：暖层挤压被污染的空气（低层的），从而增加了烟雾污染的风险。

沉降（sedimentation，拉丁语 sedimentum-settling），是指由于重力影响，固体颗粒物降落到液体或气体中的过程。

扩散系统（dispersion system，拉丁语 dispersus-dispersed，scattered），是指分布于某一同质介质（扩散介质）里的某种物质（扩散阶段）的小颗粒的集合。比如：薄雾、烟、悬浮液、乳状液、泥土、有机组织等。

可分散性（dispersibility），是指一种物质分裂成小颗粒的程度（越小的颗粒分散性越高）。

悬浮（大气）尘粒（aerosol，希腊语 aer-air 和德语 sol-sault），是指由悬浮于气体环境中的固体和液体颗粒（小块）所构成的扩散系统（如薄雾、烟）。

烟雾（smog，英语 smoke＋fog），是指一种有毒气雾，它会导致一种有害污染进入到大气中，其特征是各种污染药剂、灰尘和雾状滴的微粒组合。

8.2 成分迁移和弥散的简单模型

空气污染程度取决于大气中存在的有害成分。一种有害成分的污染数量取决于这种成分源的数量、强度以及影响此成分的形成、迁移、弥散和扩散的气象条件。

下面考察空间中成分的传播过程。设 $r=(x_1, x_2, x_3)$ 是三维空间 R^3 中的一个点,坐标分别是 x_1, x_2, x_3,t 为时间。引入如下函数:
- $v(r, t)=v(x_1, x_2, x_3, t)=(v_1, v_2, v_3)$ 代表空气速度。
- $g(r, t)=g(x_1, x_2, x_3, t)$ 代表当时间为 t 时,点 $r \in R^3$ 处每单位体积的成分浓度。

8.2.1 成分迁移模型

假设大气中不存在弥散,那么在时刻 t 处一个体积单元内的成分浓度不变,即有:

$$\mathrm{d}g/\mathrm{d}t=0。 \tag{8.1}$$

已知复合函数 $g(x_1, x_2, x_3, t)$ 关于变量 t 的全导数为:

$$\mathrm{d}g/\mathrm{d}t=\partial g/\partial t+\partial g/\partial x_1 \times \mathrm{d}x_1/\mathrm{d}t+\partial g/\partial x_2 \times \mathrm{d}x_2/\mathrm{d}t \\ +\partial g/\partial x_3 \times \mathrm{d}x_3/\mathrm{d}t。$$

由速度定义,$v_1=\mathrm{d}x_1/\mathrm{d}t$,$v_2=\mathrm{d}x_2/\mathrm{d}t$,$v_3=\mathrm{d}x_3/\mathrm{d}t$,则式 (8.1) 变为:

$$\partial g/\partial t+v_1 \partial g/\partial x_1+v_2 \partial g/\partial x_2+v_3 \partial g/\partial x_3=0。 \tag{8.2}$$

为进一步推导,需要引入散度概念。

一种运动中的非压缩流动体在点 r 处的速度 v 的散度为:

$$\mathrm{div}v=\partial v_1/\partial x_1+\partial v_2/\partial x_2+\partial v_3/\partial x_3。$$

当 $\mathrm{div}v>0$ 时，表示在点 r 处存在流动源（即在点 r 的某个领域内，流动体的流出大于它的流入）。相反地，若 $\mathrm{div}v<0$，则点 r 是一个汇点。在大气中的较低层，通常条件 $\mathrm{div}v=0$ 成立，且该式被称作连续方程，也可记为：

$$\partial v_1/\partial x_1+\partial v_2/\partial x_2+\partial v_3/\partial x_3=0。 \tag{8.3}$$

将方程（8.3）替换到公式（8.2）中，可得到如下成分迁移的数学模型：

$$\partial g/\partial t+\mathrm{div}\,v\,g=0。 \tag{8.4}$$

如果成分中的某一部分沉淀或分解，则有 $\partial g/\partial t=-\sigma g$，这不同于式（8.1），于是模型变成：

$$\partial g/\partial t+\mathrm{div}\,v\,g+\sigma g=0, \tag{8.5}$$

其中 $\sigma>0$，专指成分浓度的降低率。

如果在点 r_0 处存在一个成分源，那么模型将是：

$$\partial g/\partial t+\mathrm{div}\,v\,g+\sigma g=f, \tag{8.6}$$

其中 $g(x_1,x_2,x_3,t)$ 是源强度函数。对于强度 Q 为常数的点源，存在函数 $f=Q\delta(r-r_0)$。其中 $\delta(r-r_0)$ 被称作 δ 函数，它通过面的等式定义，

$$\int_C \varphi(r)\delta(r-r_0)\mathrm{d}r=\begin{cases}\varphi(r_0), & r_0\in C\\ 0, & r_0\notin C\end{cases},$$

其中 C 是某个空间域。一般情况下，δ 函数在点 r_0 处等于 ∞，而在其他点处等于 0，这样可得函数的积分值为 1。δ 函数代表最简单的广义函数，对它的处理难度较大（参见后面的 8.2.3 节）。

强度等于 $Q_i(t)$，$i=1,\cdots,n$ 的 n 个点成分源 r_i，其强度函数为

$$f=\sum_{j=1}^{n}Q_i\delta(r-r_i)。$$

8.2.2 成分迁移和弥散模型

考察弥散过程时（见 8.1 节的介绍），由于大气湍流而造成空气中成分不清，我们可得到如下成分迁移和弥散模型：

$$\partial g/\partial t + \text{div}\, v g + \sigma g = \partial g/\partial x_3(v \partial g/\partial x_3) + \mu \Delta g + f, \quad (8.7)$$

其中 $\Delta = \partial^2/\partial x_1^2 + \partial^2/\partial x_2^2$ 是二维拉普拉斯算子，而 $\mu > 0$ 和 $v > 0$ 分别是水平和垂直弥散系数。

需要说明的是，系数 μ 和 v 不同，而且垂直弥散系数总是依赖于高度 x_3。对于构建弥散模型来说，确定关系 $v(x_3)$ 是一个复杂的问题。

为了求解偏微分方程（8.3），需要设置初始条件：

$$\text{当}\ t = t_0\ \text{时}, g(r, t_0) = g_0(r) \quad (8.8)$$

以及明确一些决定空气和地表互联特征的边界条件，简单常用的边界条件是：

$$\text{在}\ S\ \text{上}, g_0 = g_S;\quad \text{当}\ x_3 = 0\ \text{时},\ \partial g/\partial x_3 = ag;$$
$$\text{当}\ x_3 = H\ \text{时},\ \partial g/\partial x_3 = 0, \quad (8.9)$$

其中 C 是柱体，S 是侧面积。这些条件意味着当地表成分沉降时，没有成分能够通过高层的水平柱面边界，且垂直柱面边界处的浓度 g_S 给定。

通过数值方法可以确定问题（8.7）~（8.9）中的唯一解。

8.2.3 一维稳态成分分布

为说明问题（8.7）~（8.9）的路径行为，我们需要详细考察这样的情况：在一维无限介质（只有一个坐标 x）中，如果只存在一种成分的稳态分布（时间固定），且该成分源强度不变，那么有 $\partial g/\partial t \equiv 0$，模型（8.7）则变成关于未知函数的常微分方程，即：

$$v dg/dx + \sigma g = \mu d^2 g/dx^2 + Q\delta(x - x_0), -\infty < x < \infty, \quad (8.10)$$

其中 v 是大于 0 的常数，它代表风速；Q 也是大于 0 的常数，它代表在 $x = x_0$ 处的成分源强度。

现在在点 $x = x_0$ 处的左右两侧分别考察方程（8.10），并去掉 δ

函数。

$$\mu d^2 g_+/dx^2 - v dg_+/dx - \sigma g_+ = 0, \quad x < x_0,$$
$$\mu d^2 g_-/dx^2 - v dg_-/dx - \sigma g_- = 0, \quad x > x_0,$$
$$\mu dg_+/dx = v dg_-/dx + Q, \quad x = x_0。$$

当 $-\infty < x < \infty$ 时，可以通过解析方法求出上述方程组的解（如图 8—1 所示）：

$$g(x) = \frac{Q}{\sqrt{4\sigma\mu + v^2}} \exp(-\sqrt{\sigma/4\mu^2/(\mu+v^2)}|x-x_0|)。$$

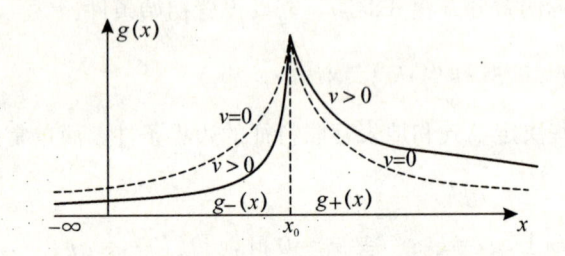

图 8—1 在点源 x_0 附近的一维无限介质的风速为 v 的稳态污染分布图

可见，在给定的空间域内，模型（8.4）~（8.9）能够帮助我们确定只有一种成分的浓度分布。

8.3 实际模型的构建

构建大气中实际过程的模型所涉及的内容，要远比上面的简单框架复杂许多。实际的建模不仅取决于研究目标，而且还要考虑到以下各个方面：

- 成分的轻重不同，成分的重力下降（沉降），成分的上升风力以及它们与地表之间的相互联系。
- 城市建筑（表面"超粗糙"）的随机异质介质中的成分结构分散性。

第8章 空气污染传播模型

- 成分的结构，化学和物理（包括光学）特性，其元素构成，可分散性以及冷凝活动等。
- 成分的主要来源，成分进入大气的方式和位置。
- 原料和废弃物的处理技术，净化结构的现状和效率。
- 大气的气象状态，大气边界层的动态特征，风力和温度的变动，湿度及大气层理。

下面简要介绍上述内容的一些基本特点。

8.3.1 地表的交互作用

城市或工业地区用于预测空气污染的模型常常需要考虑空气与其下方地表之间的互联。与 8.2 节中的内容相类似，大气弥散方程组的经典解决办法，同样适用于空气下方不规则表面与众多污染源之间的空气域问题。但仍没有合适的方法用于描述覆盖地表的城市建筑物或树木（"超粗糙"表面）上方废弃物的迁移情况。这类过程的复杂性促使人们联合使用确定性和随机性法则，这些法则取决于大气下方地表结构的性质以及这些性质和气象现象规模之间的相关性。

前面介绍的简单模型描述的是满足一定精度要求的污染分布，即仅限于是在污染源的一个相当有限的邻域内（10~15 公里的范围），这样，成分云雾和地表相距某一距离，使得地表对于污染传播过程毫无影响。当成分云雾从源头向下跌落时，它较低的边界接近地表并逐渐与之接触。云雾进一步的传播将受到它与地表交互作用的影响，所以为了描述这一过程，需要建立更为复杂的模型。

从物理学角度来看，100~200 公里范围内的弥散和迁移过程是最为复杂的。因为如此大范围的大气运动取决于地表的不规则性、空气湍流特征、大气逆温及其他。在这种情况下，弥散算子具备张量结构，即方程（8.7）应该包含 $\partial^2 g/\partial x_1 \partial x_2$，$\partial^2 g/\partial x_1 \partial x_3$，$\partial^2 g/\partial x_3 \partial x_2$ 和拉普拉斯算子 Δ（9.3 节中的水污染传播模型中也会使用到类似的方程组）。

8.3.2 空气污染的构成

大气污染常被划分为四种类型：

- 刚性分散期粒子，例如毒性重金属铅、铬等；
- 气溶胶粒子；
- 气体成分；
- 放射性同位元素等。

上述工业空气污染的最终产物中最为重要的是气溶胶粒子，它们能够影响很多气体成分的沉降。在很大程度上，气溶胶的存在决定了大气的物理、化学和光学性质（也包括大气湿度）。城市中工业气溶胶的主要成分是碳、硫磺和氮化合物。

如果污染云雾包括小的滴状物、蒸汽或小的刚性粒子，那么地球表面对它们就会有吸附作用。空气中的粒子一旦到达地表，马上就会渗透进去，不再返回大气中。这一过程称为成分沉降。沉降过程的一些简单模型，在9.2节中的水介质中的污染问题应用中也会有所介绍。

8.3.3 城市中的空气污染

废弃物质的垂直（纵向）迁移模型对于城市和乡镇来说尤为重要，使得很多城市糟糕的气象情况十分明显：由于没有风，使得空气污染（特别是一氧化碳）就无法从城市区域中排除；同时，距地面 0.5~2 公里的位置，逆温还会阻止空气污染的纵向输出。

近地逆温会导致地表污染（烟雾）浓度的最大化，并且，逆温加大还会使得污染停留在某一高度（降低逆温层的边界高度）。这样产生的一种结果就是，近地逆温与逆温加大现象同时出现，这往往是某一城市的显著特征（如哈萨克斯坦的阿拉木图）。对应地，一氧化碳浓度的分布有两层：近地的浓度最大化（由于汽车尾气排放所造成的底层污染源）和某一高度的滞留（强高架源的热污染）。

在很多城市中，每日的一氧化碳的浓度具有清晰的动态变化，这是由于早上机动车尾气的排放和晚上的工业污染会达到两次最高峰。

最后，我们给出大气过程的基本交互作用的构思流程（见图 8—2）。

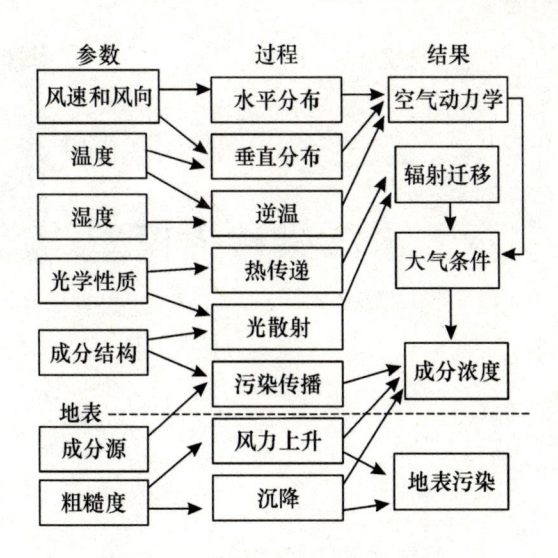

图 8—2 大气过程的基本交互作用

第9章 水污染传播模型

水污染传播的基本简单建模与8.2节中构建空气介质模型非常相似。本章将考察有关应用研究和实际计算的更为复杂的模型（特别地，如有关切尔诺贝利核泄漏灾难后的乌克兰河流放射性污染的预测）。

河流、湖泊和蓄水池里污染迁移的预测方法是基于广义流体力学、水力学以及用于控制这些水资源客体中污染迁移的各种物理化学过程的数学方法。各种水资源客体都有着自身的独特性。

在风、地表波和水域结构的重大影响下，湖泊和蓄水池里大量长期的污染积留物质与地表流污染及河床流污染有所不同。同

第 9 章 水污染传播模型

时，在深蓄水池中湍流扰动的影响也很大，湍流的行为随着垂直分布的变化而不同，并且湍流还依赖于密度层化参数。水和水底地表相互交换过程中的沉积和腐蚀的作用同样十分重要。

9.1 模型分类

一般来说，实际水资源客体中的污染分布模型通常应考虑以下水文物理过程：
- 风和水的流量；
- 风波的分布和转化；
- 由波浪产生的河岸流量；
- 水层化动力学；
- 湍流特性转移；
- 浮游漂流物的迁移；
- 相关漂流物的迁移；
- 沉降和底部冲刷物（漂流物的局部运动）。

上述提到的水文物理现象能够确定迁移机理中的强度以及水库中的污染累积。相应地，水客体污染传播模型应当包括下面几个子模型（模块）。
- 溶解状态的污染迁移模型；
- 浮游物的污染迁移模型；
- 侵蚀—沉降过程中的底部沉积物污染迁移模型；
- 底部沉积物间隙内的水污染迁移模型；
- 底部沉降物污染累积模型；
- 化学和生物过程中的污染转化模型。

这些模型常常使用如下输入数据（作为初始和边界条件）：
- 水库的水文条件；
- 形态学数据（底部轮廓等）；

- 气象条件；
- 污染源的位置和强度。

在实践中，人们已经提出和使用了一系列代表性的模型去说明这些复杂的交互作用过程。时间区间的范围、所涉及现象的空间维数以及所使用的数学方法的不同会产生出不同的数学模型。模型分类如下：

1. **三维空间模型**。它是研究中解释最全面的模型。然而，在实践应用中，一旦涉及要获取有关初始状态和边界状况等特定详细数据时，该模型就会暴露出严重的缺点。另外一个困难是模型计算方面的高度复杂性。这些原因都造成了此类模型极少运用于实践。

2. **二维平面模型**。在实践中，这类模型可用于研究污染性能的弱垂直改变。当所描述现象的空间范围超过几百米时，通过计算水流的深度平均值就足够了，而无需详细考察水污染浓度的垂直分布。

3. **二维垂直模型**。它描述了污染的垂直分布，用于研究在深度突然改变的地方（例如河流落差处）污染药剂的累积问题。

4. **一维河床模型**。它用于描述流量参数的动态变化问题，参数是河流横截面积的平均值。

5. **一维垂直模型**。它也是用于描述流量参数的动态变化问题，参数是河流水平截面的平均值。

6. **零维模型**。以某一容积（室、房、单元）中不变的污染浓度为基础。这类模型描述的是室污染浓度变化的动态性，使用的方法是常微分方程。术语"室（单元）模型"是指充分混合的零维模型。从一个指定的水库（室、房、单元）中流出的水污染浓度被认为是与这个房的平均污染浓度相同。但有时对于层化的水库，需要根据水流的深度来划分房。

7. **解析模型**。指模型中（通常是简单零维模型或是简化的一维、二维模型）的一些解析解，有时被视作一个独立组。配备计算机的地方监控中心已经使用了这些模型。

后面会介绍水体中污染传播模型，所有模型都包含如下模块：水动力学和浮游物漂流转移方程；流动物质 C、浮游物 C^s 和底部沉积物 C^b

的污染浓度方程；吸附交换作用方程；沉降和激活过程方程以及污染物的物理和化学转换方程。这些模块交互作用框架如图 9—1 所示。

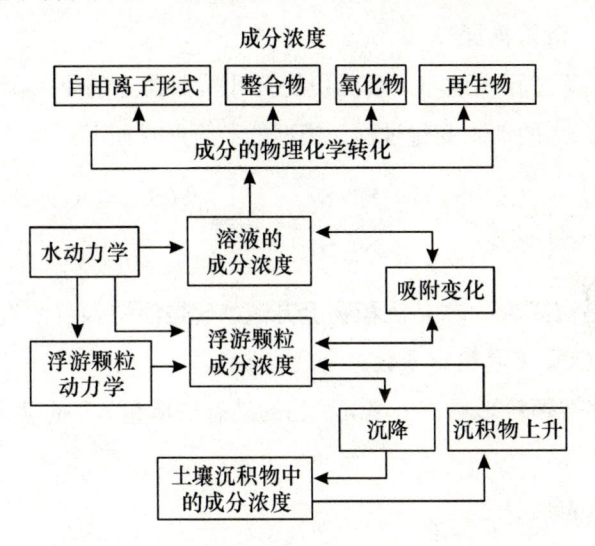

图 9—1　水污染传播模型中独立模块间的交互作用

9.2　吸附和沉降模型

9.3 节～9.6 节中的所有模型都会涉及吸附变化和沉降过程描述的一般性原则，本节讨论这些吸附和沉降模型。

9.2.1　吸附模型

与污染浓度 C 有关的刚性期废弃物品的浓度 C^s 的方程为：

$$dC^s/dt = \alpha(C - \Phi(C^s)), \tag{9.1}$$

其中 α 是液体中质量响应系数，$\Phi(C^s)$ 是吸附等温线，它用于描述溶解于水体中的成分强度。

经常使用的是线性等温线 $\Phi(C^s) = C^s/K_d$，其中 K_d 是"清浑水"系统中的均衡分布系数。在描述这样的吸附过程时，可使用函数 K_d 来

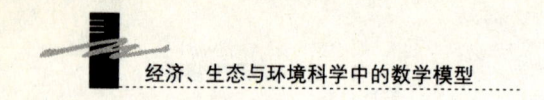

讨论水体和浮游物质的物理化学特性对吸附强度的影响。

9.2.2 沉降模型

水利沉降过程模型和土壤沉积物上升模型描述的是沉降流 g^s 和沉积物上升流 g^b 的动态变化过程。模型的最简形式如下：

$$g^s = \begin{cases} k(S-S_*), & S>S_* \\ 0, & S<S_* \end{cases}, \quad g^b = \begin{cases} k(S-S_*), & S<S_* \\ 0, & S>S_* \end{cases},$$

其中，g^s 是沉降流，g^b 是沉积物上升流。S 是浮游颗粒浓度，S_* 是它们的均衡浓度，k 是给定系数。

受到浮游颗粒影响，土壤沉积物的动态层质量 M^b 的动态变化方程如下：

$$dM^b/dt = g^s - g^b. \tag{9.2}$$

9.3 三维模型

本节要在一个水空间的三维域中（坐标为 x_1，x_2，x_3），考察污染传播过程。就实践应用而言，其数学模型显得过于笼统，但它为后续的简单模型提供了一个合理的理论基础。

9.3.1 溶解期成分迁移方程

在某成分（废弃物品）的溶解期，其浓度为 $C(x_1, x_2, x_3, t)$，成分的平流弥散迁移方程为式（9.3），它将吸附交换过程式（9.1）考虑了进来：

$$\partial C/\partial t + \sum_{i=1}^{3} \partial(v_i C)/\partial x_i$$
$$= \sum_{i=1}^{3} \partial(A_i \partial C/\partial x_i)/\partial x_i - \alpha_{12}(K_d C - C^s), \tag{9.3}$$

其中，v_i 是水流速度，A_i 是弥散系数（$i=1, 2, 3$），α_{12} 是"清浑水"

系统中吸附交换的固定强度。

方程（9.3）是弥散方程（8.2）的一般化，关于它的各种变形已在 8.2 节中有详细介绍。方程（9.3）经常使用的边界条件是：

- 在自由水面上 $x_3 = \eta$：

$$A_3 \partial C / \partial x_3 = -v_3 C, \tag{9.4}$$

- 在底层土壤上 $x_3 = z_0$：

$$A_3 \partial C / \partial x_3 = -(1-\varepsilon) D \alpha_{13} (K_d C - C^b), \tag{9.5}$$

其中，z_0 是土壤标识，η 是自由表层标识，z_0 和 η 由一个水动力学模型定义。ε 是土壤空隙系数，D 是颗粒大小的平均值，α_{13} 是"水—土壤沉积物"系统中吸附交换的固定强度，C^b 是土壤沉积物的成分浓度。

9.3.2 浮游颗粒迁移方程

在弥散原理框架内，方程（9.6）描述了水中浮游颗粒浓度 $S(x_1, x_2, x_3, t)$ 的动力学，

$$\partial S / \partial t + \sum_{i=1}^{3} \partial (v_i S) / \partial x_i = \sum_{i=1}^{3} \partial (A_i \partial S / \partial x_i) / \partial x_i - \omega_0 \partial S / \partial x_3, \tag{9.6}$$

其中 ω_0 是颗粒的液压。

自由水面 $x_3 = \eta$ 上的边界条件说明，液压为 ω_0 的颗粒的垂直流是 0：

- 当 $x_3 = \eta$ 时：$A_3 \partial S / \partial x_3 = (v_3 - \omega_0) S$。 (9.7)

在土壤底层，颗粒的弥散流等于沉降均衡流（参见 9.2.2 节）：

- 当 $x_3 = z_0$ 时：$A_3 \partial S / \partial x_3 = -\omega_0 S_*$， (9.8)

其中，S_* 是一个近地颗粒的均衡浓度，它对应于迁移流容量。

9.3.3 浮游颗粒的成分迁移方程

浮游物质颗粒上的废弃物的有关未知浓度 $C^s(x_1, x_2, x_3, t)$ 的迁移方程形式如下：

$$\partial(SC^s)/\partial t + \sum_{i=1}^{3}\partial(v_i SC^s)/\partial x_i$$
$$= \sum_{i=1}^{3}\partial(A_i\partial(SC^s)/\partial x_i)/\partial x_i + \omega_0\partial(SC^s)/\partial x_3$$
$$+ \alpha_{12}S(K_d C - C^s), \tag{9.9}$$

其边界条件是：

- 当 $x_3 = \eta$ 时：$A_3\partial(SC^s)/\partial x_3 = (v_3 - \omega_0)(SC^s),$ \hfill (9.10)
- 当 $x_3 = z_0$ 时：$A_3\partial(SC^s)/\partial x_3 + \omega_0(SC^s) = C^s g^s - C^b g^b,$ \hfill (9.11)

其中沉降流 g^s 和沉积物上升流 g^b 需要通过垂直流的综合特征来进行确定（参见9.2.2节）。

9.3.4 表面水力学变化方程

一般情况下，表面水力学可通过自由表面液体的 Reynolds 方程描述，即：

$$\partial v_i/\partial t + \sum_{j=1}^{3}v_j\partial v_i/\partial x_j$$
$$= -(\partial P/\partial t)/\rho + G_i + \sum_{j=1}^{3}\partial<v'_i,v'_j>/\partial x_i, \tag{9.12}$$
$$\partial v_i/\partial x_i = 0, \quad i = 1,2,3, \tag{9.13}$$

其中 P 是水压，ρ 是水密度，$G = (0, 0, -g)$ 是重力向量，3阶矩阵 $\langle v'_i, v'_j \rangle$ 被称作 Reynolds 湍流应力张量，它与应变速度张量 $\langle(\partial v_i/\partial x_j)(\partial v_j/\partial x_i)\rangle$ 有关，并且：

$$\langle v'_i, v'_j\rangle = -A_{ij}\langle(\partial v_i/\partial x_j)(\partial v_j/\partial x_i)\rangle - 2\delta_{ij}K/3, i,j=1,2,3,$$
\hfill (9.14)

数值 A_{ij} 是湍流变化系数，K 是湍流能量，δ_{ij} 是克罗内克符号（$\delta_{ii} = 1$，$\delta_{ij} = 0$，$i \neq j$）。

方程（9.12）显然过于笼统，若要应用于实践，还需大量复杂的输入数据，它们的具体情况在后面几节中将会有所介绍（方程（9.18）及其他）。

9.4 二维水平模型——静态流分析

通过计算三维模型方程组（9.3）~（9.14）（带有边界条件）关于流量深度的平均值能够构建污染传播的二维平面（水平）模型。这个模型描述了如何计算浮游物质的平均深度浓度 $S(x_1, x_2, t)$ 与浮游物质上的某种成分（废弃物）的各种平均浓度 $C(x_1, x_2, t)$，$C^s(x_1, x_2, t)$，$C^b(x_1, x_2, t)$。

9.4.1 溶解期成分迁移方程

求方程（9.3）关于变量 x_3 的积分，同时考虑到边界条件（9.4）~（9.5），我们可以得到如下二维溶解期成分迁移方程：

$$\partial(hC)/\partial t + \sum_{i=1}^{2}\partial(hCv_i)/\partial x_i$$
$$= \sum_{i,k=1}^{2}\partial(E_{ik}h\partial C/\partial x_i)/\partial x_k - \alpha_{12}S(K_dC - C^s)$$
$$+ \alpha_{13}(K_dC - C^b), \tag{9.15}$$

这里，(v_1, v_2) 是关于深度 x_3 的速度向量的平均值，E_{ik} 是水平弥散系数，$h = \eta - z_0$ 是流量深度，z_0 是土壤标志，η 是自由表层标志（它由后面介绍的水动力学方程组（9.18）~（9.19）定义）。其他表达式和 9.3.1 节中的内容相同。

9.4.2 浮游颗粒的迁移方程

针对方程（9.6）求出关于深度 x_3 的平均值即可得到浮游颗粒的迁移方程（9.16）：

$$\partial(hS)/\partial t + \sum_{i=1}^{2}\partial(hSv_i)/\partial x_i = \sum_{i,k=1}^{2}(E_{ik}h\partial S/\partial x_i)/\partial x_k$$
$$- B\omega_0(S_* - S)。 \tag{9.16}$$

同方程（9.6）相比，式（9.16）新增加了一个参数 B，它是颗粒

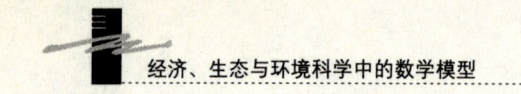

的近地浓度与深度均衡浓度平均值 S_* 之比。

9.4.3 浮游颗粒上的成分的迁移模型

通过下列方程，计算方程组 (9.9)~(9.11) 的平均值，可以得到浮游颗粒上的污染成分的平均（深度）浓度 $C^s(x_1, x_2, t)$：

$$\partial(hSC^s)/\partial t + \sum_{i=1}^{2} \partial(v_i hSC^s)/\partial x_i$$
$$= \sum_{i,k=1}^{2} \partial(E_{ik} h \partial(SC^s)/\partial x_i)/\partial x_k + \alpha_{12} S(K_d C - C^s)$$
$$+ C^b g^b - C^s g^s \text{。} \tag{9.17}$$

9.4.4 水动力学模型

水流量速度结构可由浅水定理来描述：

$$\partial v_i/\partial t + \sum_{j=1}^{2} v_j \partial v_i/\partial x_j + g\partial \eta/\partial x_j$$
$$= -\lambda v_i |v| + \lambda_W W_i |W|, i=1,2, \tag{9.18}$$

$$\partial \eta/\partial t + \sum_{j=1}^{2} v_j \partial(hv_i)/\partial x_j = R, \tag{9.19}$$

其中，λ 是土壤摩擦系数，λ_W 是自由水表面风摩擦系数，$W=(W_1, W_2)$ 是水表面的风速向量，R 是水源和汇点（流入、沉降、蒸发）的分布函数。

9.4.5 土壤沉积物污染模型

土壤沉积层厚度 $Z(x_1, x_2, t)$ 的变化可由土壤张力方程描述，即：

$$(1-\varepsilon)\partial Z/\partial t = g^s - g^b \text{。} \tag{9.20}$$

垂直沉降流 g^s 和沉积物上升流 g^b 为：

$$g^s = \begin{cases} B\bar{\omega}_0(S-S_*), & S>S_* \\ 0, & S<S_* \end{cases}, \quad g^b = \begin{cases} B\bar{\omega}_0(S-S_*), & S<S_* \\ 0, & S>S_* \end{cases},$$

则底部土壤沉积物层中的成分浓度 $C^b(x_1, x_2, t)$ 可由下列方程描述：

$$(1-\varepsilon)\partial(ZC^b)/\partial t = -\alpha_{12}(K_d C - C^b) - C^b g^b + C^s g^s 。 \tag{9.21}$$

9.4.6 静态流问题分析

假设过程是静态的,同时忽略风力影响,水动力学方程组 (9.18)~(9.19) 可以作为分析二维模型 (9.15)~(9.21) 的一个例子。

当预测春季洪水时,就会遇到此类问题。若要明确水流出量 $V_1 = v_1 h$ 和 $V_2 = v_2 h$,水动力学方程组 (9.18)~(9.19) 可以重新改写为:

$$\partial(V_1^2/h)/\partial x_1 + \partial(V_1 V_2/h)/\partial x_2 + g\partial\eta/\partial x_1 + \lambda V_1 |V|/h^3 = 0, \tag{9.22}$$

$$\partial(V_1 V_2/h)/\partial x_1 + \partial(V_2^2/h)/\partial x_2 + g\partial\eta/\partial x_2 + \lambda V_2 |V|/h^3 = 0, \tag{9.23}$$

$$\partial V_1/\partial x_1 + \partial V_2/\partial x_2 = 0 。 \tag{9.24}$$

连续方程 (9.24) 的静态形式可以引入由公式 (9.25) 确定的流量函数 $\Phi(x_1, x_2)$:

$$\partial\Phi/\partial x_1 = -V_1, \qquad \partial\Phi/\partial x_2 = V_2 。 \tag{9.25}$$

当自由表面标识的典型刻度为 $\chi \gg h/\lambda$ 时,方程组 (9.22)~(9.23) 中的对流项部分 $\partial(V_1 V_2/h)/\partial x_i$ 可以被忽略。然后求方程组 (9.22)~(9.23) 关于 x_1 和 x_2 的交叉微分,再对得到的两个等式相减,便可去掉含有自由表面标识项 η 的部分,最后可得:

$$\partial(V_1 |V|/h^2)/\partial x_1 + \partial(V_2 |V|/h^2)/\partial x_2 = 0, \tag{9.26}$$

用方程 (9.25) 中的 V_1 和 V_2,替换式 (9.26) 中的 V_1 和 V_2,则可得到一个关于流量函数 $\Phi(x_1, x_2)$ 的非线性微分方程:

$$\partial(F(V)\partial\Phi/\partial x_1)/\partial x_1 + \partial(F(V)\partial\Phi/\partial x_2)/\partial x_2 = 0, \tag{9.27}$$

由式 (9.25) 可知函数 $F(V) = -\lambda |V|/h^3$ 取决于 $\partial\Phi/\partial x_i$。

至此,两个三维方程 (9.18)~(9.19) 被化简成一个二维方程 (9.27),这便是著名的准调和方程。

为了进一步求解方程（9.27），我们需要定义一个空间域 S 及其相应的边界条件。在给定的边界和初始条件下，对该方程使用近似方法或数值方法求解，便可得到流量函数 $\Phi(x_1, x_2)$。再根据式（9.25）可以求得相应的速度：$V_1=V_1(x_1, x_2)$，$V_2=V_2(x_1, x_2)$，$(x_1, x_2) \in S$。

在计算春季洪水时，流量函数 $\Phi(x_1, x_2)$ 常常采用这样的边界条件：在空间域 S 的刚性边界，给定 Φ_1 和 Φ_2 的值，则 $\Phi_1 - \Phi_2 = Q$，Q 为春季洪水流量的预测值；在域 S 的流动性边界，则采用狄利克雷条件 $\partial \Phi / \partial n = 0$，其中 n 是边界的法线。

9.5　一维解析模型

作为构建解析模型（参见 9.1 节）的一个例子，我们考察关于废弃物成分扩散和迁移的一维模型。假设在垂直横截面处（即：$\partial C/\partial x_2 = \partial C/\partial x_3 = 0$），成分浓度 $C(x_1, t)$ 是常数，纵向弥散系数 A、水流速 V、不可逆系数 k 都是常数。则一维湍流弥散方程的形式是：

$$\partial C/\partial t = A \partial^2 C/\partial x^2 - V \partial C/\partial x - kC + f(x,t), \tag{9.28}$$

其中 $f(x, t)$ 是成分源函数。

针对在充分混合区域下方的流动部分，如小河流里面的污染传播过程，可以采用不可逆湍流弥散一维模型（9.28）来良好地描述。

在给定描述水流形式的初始条件和边界条件下，方程（9.28）存在解析解（参见 8.2 节）。下面我们要分别考察方程（9.28）对应的几种具体情况。

9.5.1　成分的瞬时点源

此情况反映的是一种数量有限的成分（废弃物）的瞬时释放，比如一个核电站的突然爆炸。满足初始时间 $t=0$ 时，在原点 $x=0$ 处，一个

成分的瞬时点源的源函数为

$$f(x,t)=I\delta(x)\delta(t),$$

其中 I 是"成分爆炸"的总累积强度，$\delta(.)$ 是 δ 函数（参见 8.2 节）。

那么，对于初始条件 $C(x,0)=0$（$t=0$ 时，没有初始污染），方程（9.28）的解是：

$$C(x,t)=I(\pi At)^{-1/2}\exp[-(x-Vt)^2/4At]/2。 \qquad (9.29)$$

该方程也称作高斯分布。处理 δ 函数的技巧与方程（8.10）中空气弥散方程一样。图 9—2 给出的是在不同的瞬时时刻 $t_i>0$，成分浓度 $C(x,t_i)$ 关于 x 的不同分布，其中 $A>0$，$V>0$。

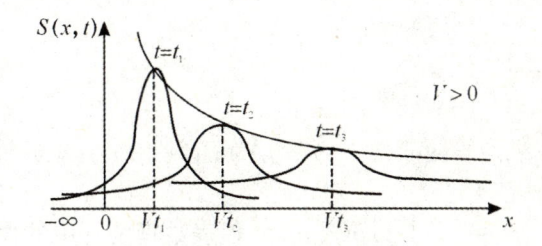

图 9—2　满足点 $x=0$（$t=0$ 时的"成分爆炸"）的
一个瞬时成分源的污染分布

9.5.2　初始污染为非零的成分点源

如果边界条件满足 $C(0,t)=f(t)$，$t\in[0,\infty)$（在原点 $x=0$ 处，污染强度源函数是 $f(t)$，而且初始条件为 $C(x,0)=\xi(x)$，$x\in[0,\infty)$（初始污染为非零），那么方程（9.28）的解是：

$$C(x,t)=U(x,t)\exp(\mu x-\lambda t), \qquad (9.30)$$

其中，

$$\mu=V/2a^2, \lambda=V^2/4a^2+k, a^2=A,$$

$$U(x,t)=W(x,t)+W_0(x,t),$$

$$W(x,t)=\frac{x}{2a\sqrt{\pi}}\int_0^t \varphi(t-\tau)e^{-x^2/4a^2\tau}/\tau^{3/2}d\tau,$$

$$W_0(x,t) = \frac{x}{2a\sqrt{\pi t}} \int_0^t \varphi(\theta) \left[e^{-(\theta-x)^2/4a^2 t} - e^{-(\theta+x)^2/4a^2 t} \right] d\theta,$$

$$\varphi(x) = \zeta(x)e^{-\mu x}, \varphi(x) = f(t)e^{-\lambda t}。$$

此种情况对应的污染是连续变化的，污染进入的是一维水介质，而介质中的污染成分量是变化的。

9.5.3 固定强度的成分点源

对于在原点 $x=0$ 处，单位强度 $f(t)\equiv1$ 的成分源，当 x 的值充分大时，方程（9.28）的解趋近于下列函数：

$$C(x,t) = [G(x,t,V_0) + G(x,t,-V_0)]/2, \tag{9.31}$$

其中

$$V_0 = (V^2 + 4kA)^{1/2},$$

$$G(x,t,\xi) = \exp[(V+\xi)x/2A] \operatorname{erfc}[(x+t\xi)(At)^{-1/2}/2],$$

并且函数 $\operatorname{erfc}(x) = \dfrac{2}{\sqrt{\pi}} \int_0^x \exp(-t^2) dt$ 代表数理统计中的概率分布函数（概率积分）。

在 8.2 节中，已经分析了成分源强度固定时，一维无限介质中的污染静态分布（时间不变）。

在其他情况下，也能够求得一维和二维弥散方程的解析解。考虑到公式描述的困难，这里就不再加以介绍。一般来说，运用数值代数和计算机是解决水污染传播模型的关键性方法。

9.6 零维（室）模型

如果对某种程度上相对独立的水库（厢或室）进行建模，需要做一种实际的物理划分，这样构建的模型在研究上就显得方便一些。例如，一连串的人工水库（蓄水池）可以近似地看成一系列室，每个室对应一个水库或它的一个部分。建模的基础是,将二维模型(9.15)~(9.21)调整为一个室。

9.6.1 水平衡方程

针对连续方程(9.19)关于它的边界条件求积分,则可以得到第 i 个室的水平衡方程:

$$dV_i/dt + Q_i - Q_{i-1} = R_i + \sum_{j=m}^{n} Q_j^t - Q_i^w, \qquad (9.32)$$

其中,V_i 是室容量,Q_i 是流入下一级室的水量,Q_{i-1} 是从上一级室流入的水量,Q_j^t 是水系统中第 j 条河流进入第 i 个室的流入量,$j = m(i), \cdots, n(i)$,Q_i^w 是来自第 i 个室的全部耗水量。

9.6.2 浮游物质迁移方程

针对水库区域的浮游颗粒迁移二维模型(9.16)关于其边界源求积分,就可得到下列方程:

$$\begin{aligned}d(V_i S_i)/dt = &Q_{i-1}S_{i-1} - Q_i S_i + q_i^b - q_i^s + R_i^h - S_i Q_i^w \\ &+ \sum_{j=m}^{n} Q_j^t S_j^t,\end{aligned} \qquad (9.33)$$

其中,S_i 是浮游颗粒浓度(按室容量计算的平均值),S_{i-1} 是来自上一级室的浮游颗粒浓度,R_i^h 是由于河床变化(侵蚀)产生的颗粒增量,S_j^t 是河流中的颗粒浓度,q_i^b 和 q_i^s 是沉降流和沉积物上升流关于第 i 个室的平均值。

9.6.3 污染传播方程

受到浮游颗粒的影响,第 i 个室中土壤沉积物动态层质量 M_i^b 的变化,可以通过方程(9.34)来表示(从方程(9.20)中得出的):

$$dM_i^b/dt = q_i^s - q_i^b。 \qquad (9.34)$$

对于反映水库区域的二维方程组(9.15),(9.17)和(9.21),就水库边界的附加源求不定积分,可推导出下面关于第 i 个室的成分浓度

$C_i^s(t)$，$C_i^s(t)$，$C_i^b(t)$ 的常微分方程组，$C_i(t)$，$C_i^s(t)$，$C_i^b(t)$ 分别是溶解期、浮游物质和土壤沉积物的浓度。

$$\mathrm{d}(V_i C_i)/\mathrm{d}t = Q_{i-1}C_{i-1} - Q_i C_i - \alpha_{12} S(K_d C_i - C_i^s)$$
$$+ \alpha_{13}(K_d C_i - C_i^b) + \sum_{j=m}^{n} Q_j^t C_j^t, \qquad (9.35)$$

$$\mathrm{d}(V_i S_i C_i^s)/\mathrm{d}t = Q_{i-1}S_{i-1}C_{i-1}^s - Q_i S_i C_i^s + \alpha_{12} S(K_d C_i - C_i^s)$$
$$+ C_i^b q_i^b - C_i q_i^s + C_i^t R_i^h - C_i^s S_i Q_i^w + \sum_{j=m}^{n} Q_j^t S_j^t C_i^s, \qquad (9.36)$$

$$\mathrm{d}(M_i^b C_i^b)/\mathrm{d}t = C_i^s q_i^s - C_i^b q_i^b - \alpha_{13} S(K_d C_i - C_i^b). \qquad (9.37)$$

考虑到河床侵蚀，使用新参数 C_i^t 表示进入到第 i 个室的浮游颗粒的成分浓度，其他参数则与方程组 (9.15)~(9.21) 中对应的参数意义相同。

9.7 地下水和土壤里废弃物的迁移模型

相对于表层水的污染传播模型和未列入本书的其他模型而言，地下水和土壤里废弃物迁移的数学模型更为复杂，下面将对模型的主要特点作以简单介绍。

地下水污染传播模型方程组包括：通分地带的地下水流方程组，有压水层的地下水流方程组和无压水层的地下水流方程组，以及在溶解和土壤刚性框架之间相互转化的废弃物成分迁移模型。

对于自然界的很多实际情况，可考虑以下土壤中水迁移方案。土壤包括框架和气孔，而且液体可以以自由状态消失于气孔中（溶解）。液体能够完全填满气孔（饱和土壤），或者部分填满气孔（非饱和土壤）。在后者的情况中，毛细现象和表面张力作用在溶解过程中会导致出现额外的张量和多余的压力。另外，还要考虑到有压水层中的土壤框架弹性。

土壤动力学模型不仅需要考虑由于河流和大气沉降产生的水的流入

和迁移，而且还要考虑到经济影响（如无机肥料，农业和工业废弃物，国土异常，耕地，土壤的损耗和破坏，等等）。很多废弃物（如放射性核物质、重金属等）渗入到土壤之中，并（和氧气）发生化学反应。对于诸如此类的废弃物土壤传播模型还应该包括这样一些模块：水迁移计算模型、土壤里化学离子氧化均衡模型和氧气迁移模型等。

经济、生态与环境科学中的数学模型

第3部分

经济—生态系统模型

第3部分 经济—生态系统模型

这一部分将考察经济—生态系统和此类系统的各种控制问题。研究的基础是本书前两部分中介绍的经济、环境和生态模型。

评价经济对环境的负面影响包括以下几个方面：

- 由消耗可再生和不可再生资源的生产过程所导致的环境退化。
- 由工业和农业生产释放到空气、水和土壤里的废弃物和副产品所导致的环境污染，及其可能引发环境和人类的灾难（商品和原材料的运输也会产生类似的污染）。
- 建筑过程中的土地使用和污染，包括由运输和设备等引发的临时性问题。
- 异常操作和事故中出现的环境污染和人类重大灾难（如爆炸、毒品泄漏、核电站事故等）。
- 围绕工业中心的土地使用、种群密度和社会经济结构等问题出现的次一级环境影响。
- 由工业产品的消费和最终的弃用所导致的次一级环境影响。

尽管如此，还是存在经济对环境的正面影响，即一系列工业进步促成的环境改善。这种影响或是直接的（如用于改善环境的投资）或是间接的（由于税收的增加）。

经济—环境交互作用的另一个方面是环境对经济和人类的影响。在评价这类影响的指标选择和形式化过程当中，已经出现了很多问题。一些相当初级的形式化，诸如"创建良好的生活条件"，"获得高质量的人类生活"，"理性和谐的发展"，对于真正具有数学意义上的建模工作并没有给出足够的信息。实践中，较为具体和常用的方法都是采用基于已经制定的卫生指标（如水和空气的质量，辐射条件及其他）。然而，经验表明，这样的指标常常又不能满足所期望的"生活质量"，因此，这些指标还必须借助严格的数学研究。

在过去的几十年里，人类的平均寿命常被视作评价环境对人类影响的一个标准。这样的方法是利用一个综合模型，该模型能够反映环境状态对人类健康的影响。为此，要综合定性地考虑生态、经济和社会要素（水和空气质量、食品质量、食物分类和供水问题等）。使用统计相关性方法、最小风险法和专家方法研究这些要素能够帮助人们取得积极的结果。不过，对这些过程的数学描述仍是隐含的（黑箱方法）。在研究过程中，人们很难提出一种方案以帮助理解这些相互关系的实质。

  目前，对于涉及的所有要素的相互关系模型，还没有一个令人满意的解决方案。本书仅限于分析广为人知的问题和模型。第 10 章介绍资源枯竭和经济—环境交互作用的简单综合模型。第 11 章分析上面提到的几种经济因素对环境影响的较为复杂的实际模型。第 12 章主要关注污染传播的控制和最优化问题。第 13 章考察技术进步对环境的影响。最后的第 14 章讨论生态群落中的人类控制。

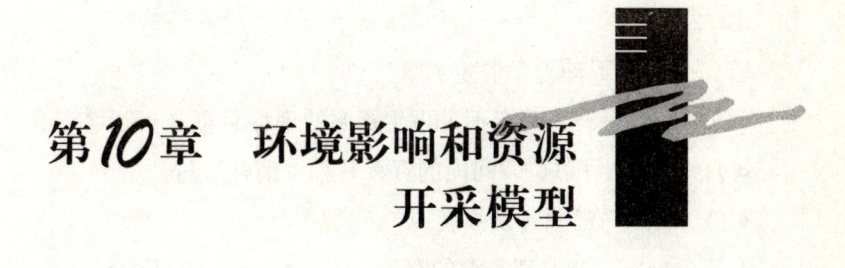

第10章 环境影响和资源开采模型

本章将介绍资源枯竭的综合模型和经济—环境交互作用的综合模型，其研究基础是本书第一部分中出现的各类经济模型。10.1节模型描述的是由于资源枯竭所引发的环境退化，10.2节描述的是经济与环境相互影响的一个综合模型。

10.1 不可再生资源的综合模型

这里我们要考察不可再生自然资源的开采（消耗），可再生资源动力学模型将在随后的10.2节介绍。(方程（10.19）

和（10.20））。

首先引入如下动力学假定：

- $R(t)$ ——某一特定不可再生资源的现存总量（存储量）；
- $r(t)$ ——每单位时间内的资源开采（消耗）量；
- $A(t)$ ——资源开采强度；
- $W(t)$ ——新发现资源的存量；
- $Q(t)$ ——生产量；
- $q(t)$ ——开采每单位资源的特定成本。

10.1.1 资源开采的随机型模型

自然资源开采过程的数学描述可以运用确定型模型与随机型模型（参见 1.4 节）。如果不考虑新发现自然资源的可能性，此过程就可被视作确定型模型，这类模型的最简形式为：

$$dR/dt = -r, \tag{10.1}$$

其中变量 r 通常代表一个未知控制量或者取决于其他模型的一个变量（参见后面的模型 (10.17)～(10.20)）。

若包括新发现资源，则对应的随机型模型为：

$$dR/dt = -r + W, \tag{10.2}$$

其中变量 W 是一个统计值，它满足统计关系 $W = f(A)$，服从泊松分布

$$p[W=m] = (\lambda A)^m \exp(-\lambda m)/m! \tag{10.3}$$

关系式（10.3）说明 W 随着 A 随机性递增。

下面研究优化问题模型 (10.2)～(10.3) 的一个例子。设优化函数形式如下：

$$\int_{t_0}^{T} \exp(-\delta t)[G(r) - qA] dt \to \max_{r,A}, \tag{10.4}$$

运用单要素生产函数 $Q = G(r)$，它决定着产量 Q 的资源依赖问题，即 $dG/dr > 0$，$d^2 G/dr^2 > 0$。函数 $A(t)$ 和 $r(t)$，$t \in [t_0, T]$ 都是未知控

制函数，其约束条件为 $0 \leqslant r(t) \leqslant R_0$，$A(t) \geqslant 0$。

通过对问题（10.2）～（10.4）的分析可知，存在某一特定临界阈值 R^{cr}，当 $R_0 \geqslant R^{cr}$ 时，满足最优控制 $A^*(t) \equiv 0$（即对新资源的搜寻无效）。

10.1.2 资源开采的生产函数

很明显，经济增长的极限应该受到经济所使用的不可再生资源 R 的控制。资源 R 的现存总量（资源供给）确定了生产量的上限，这一点可通过多种方式来表达，一种综合的方法就是修正生产函数（参见第2章），表达如下：

考察原料平衡生产函数 F_m，它满足原料平衡的一致性约束：

$$Q = F_m(K, L, R) < R, \tag{10.5}$$

其中，R 和 Q 分别代表原料输入水平和原料生产产量水平（它们的衡量单位相同）。函数还可写成，

$$F_m(K, L, R) = \min\{F(K, L), \lambda(t)R\}, \tag{10.6}$$

其中，$F(K, L)$ 是"标准"生产函数（参见2.1节），参数 $\lambda(t) > 0$ 代表在时刻 t 处的生产过程中资源利用的技术效率（即时刻 t 处的有效技术）。

产量 Q 不能超过资源输入，而生产中的原料损失又不可避免，即 $\lambda(t) < 1$。假设技术进步提高了效率，也就是说资源输入 R 与产量 Q 的比率降低，可得 $d\lambda/dt \geqslant 0$。如果 λ 依赖于技术状态，那么视其为内生技术进步（参见3.1节）。

资源开采过程本身也能通过生产函数的适当变形给出：

$$r = \min\{F_R(K, L, R), R^{lim}\}, \tag{10.7}$$

其中生产函数 $F_R(.)$ 的偏导数为正。

在这里，开采率 r 受限于资源开采的可接受水平 R^{lim}，而 R^{lim} 需要基于伦理学和生态学的知识进行双重考虑。尽管与公式（10.6）有些相

似，但也不应该将生产函数（10.7）与原料平衡生产函数（10.6）混为一谈。一般地，R^{lim}的值低于可用原料水平，可用原料水平由土壤中的实际物质存量来表示。因为从伦理学角度来看，存量代表能够感觉到的和可接受的水平。

基于伦理学考虑的未来生产及生产和自然界的关系、基于生态学考虑的再生作用和同化作用（可持续经济发展的概念）以及开采不可再生资源的可接受水平可定义如下：

$$R_S^{lim} = p_S R^m, \tag{10.8}$$

其中，p_S是"代际关注参数"，$0 < p_S < 1$，值越小代表对未来生产会形成越高的道德关注程度。参数p_S的另外一个解释为面对较多的不确定性，预防措施的不同级别（谨慎或风险厌恶）。

可再生资源开采的一个可接受水平可以被定义成：

$$R_N^{lim} = \max\{0, d p_N R + (1-d) B\} \tag{10.9}$$

其中，B是有关可再生资源存量的生产函数（参见后面方程（10.19）），$0 < d < 1$为名义变量，代表完全再生目标（$d = 0$）或者是一个不太严格的可持续发展的使用目标（$d > 0$）。

方程（10.1）~（10.3），（10.6）~（10.9）代表的简单模型经常被用于经济—环境交互作用复杂模型的模块（片段）中。这类模型会在下一节和第11章中讲述。

10.2 环境控制综合模型

以下一系列模型包含了环境的一个综合影响。

10.2.1 带有环境净化部分的 Solow 模型

首先考察 Solow 模型（2.7）~（2.11）的一个修正。把环境污染和环境净化这个附加部分（模块）引入到 Solow 模型中，将会生成经济—环境均衡模型中的最简形式之一。

对 Solow 模型 (2.7)~(2.11)，除了设定 Q, C, S, K, L 之外，我们再加入一个新的参数——环境污染量 Z，并为模型中的其他方程补充一个新的关系来确定指标 Z 的动态问题。另外，假定总产量 Q 中的一部分 E 用于减少污染，方法是：一单位 E 减少 δ 单位的污染，$\delta > 1$。模型框架如图 10—1 所示。

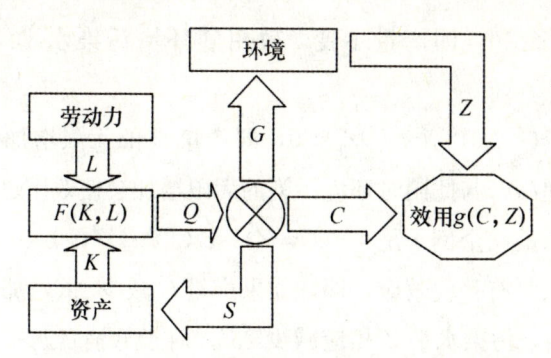

图 10—1　带有环境控制模块的 Solow 模型框图

那么，模型的表达如下：

$$Q = F(K, L), \quad Q = C + S + E, \tag{10.10}$$

$$S = s_1 Q, \quad E = s_2 Q, \tag{10.11}$$

$$dK/dt = s_1 Q - \mu K, \tag{10.12}$$

$$dL/dt = \eta L, \tag{10.13}$$

$$dZ/dt = (\varepsilon - \delta s_2) Q - \gamma Z, \quad 0 < \varepsilon < 1, \quad \gamma > 0, \quad \delta > 1, \tag{10.14}$$

其中系数 ε 代表产量 Q 中废弃物的污染部分，系数 γ 代表环境自我净化导致的污染自然同化。

以上关于环境自我净化的线性描述只是出于简化的目的，更为精确的公式应是非线性的，即：$dZ/dt = (\varepsilon - \delta s_2) Q - \gamma G Z^{\alpha}$，$0 < \alpha < 1$。

10.2.2　效用函数的概念

为描述经济—生态系统的控制目标，我们需要引入一个新的模型元素——$g(C, Z)$，即所谓的效用函数，用于核算环境对人类的影响（经济—生态系统中的回馈）。该函数反映了环境对人类社会的"效用"，而且是以综合的形式进行描述的。这个函数取决于消费品产量 C 和环境污染水平 Z。

一般地，假设函数有下列性质：

- $\partial g/\partial C>0$，即环境污染水平不变，环境效用随产量 C 的增加而增加。

- $\partial g/\partial Z<0$，即产量不变，效用随环境污染水平 Z 的增加而减少。

- $\partial^2 g/\partial C^2<0$，$\partial^2 g/\partial Z^2<0$，即产量 C 的无限增加会使效用增长率递减，与此同时环境污染的无限增加会使效用迅速下降。

效用函数的一个例子是：$g(C,Z)=c_1 C^\alpha - c_2 Z^\beta$，$0<\alpha<1$，$\beta>1$。

效用函数具有替代效应，即，如果产量 C 减少 ΔC，那么为了获得相同的效用 g，污染水平 Z 相应减少 ΔZ。对于低消费水平，每减少一个单位 C，要求污染水平 Z 减少 ΔZ 的值很大。否则，随着 C 的无限增大，ΔZ 的值会无限减小。

10.2.3 模型的优化分析

我们首先考察模型（10.10）～（10.14）的一个优化问题。带有效用函数 $g(C,Z)$ 的目标函数形式为：

$$I(s_1,s_2)=\int_{t_0}^{T} e^{-qt} g(C(t),Z(t))dt \to \max, \qquad (10.15)$$

s_1 和 s_2 为未知控制参数，s_1 为投资率，s_2 代表在总产出 Q 中用于环境净化支出 E 的比例。s_1 和 s_2 均为常数。控制量 s_1 和 s_2 的约束形式为：

$$0 \leqslant s_1, s_2 \leqslant 1, \quad s_1+s_2 \leqslant 1.$$

关于优化问题（10.10）～（10.15）的分析表明，其中针对函数 $Q(t)$，$Z(t)$，$K(t)$ 的某些常数取值，会存在两个均衡点（平衡增长路径）。

- (s_1^*, s_2^*)：$0<s_1^*<1$，$0<s_2^*<1$——黄金时代；

- (s_1^{**}, s_2^{**})：$0<s_1^*<1$, $s_2^*=0$——黑暗时代。

若当对应的 C^* 值和 Z^* 值取为常数时，则有 $C^{**}>C^*$，$Z^{**}>Z^*$ 的关系成立。即，黑暗时代的特点是产量 C^{**} 和环境污染量 Z^{**} 都比较大。

10.2.4 "完全净化"模型

对上述模型的适当修正会得到如下优化问题。泛函积分（10.15）被下面的"完全环境净化"需求替代：

$$\mathrm{d}Z/\mathrm{d}t=0 \tag{10.16}$$

（或者 $\mathrm{d}Z/\mathrm{d}t \leqslant 0$），即，污染 Z 不会增加。那么，我们获得的模型是微分方程组（10.10）~（10.14）和（10.16），而不是去解决优化问题（10.10）~（10.16）。

基于 Cobb-Douglas 生产函数 $F(K, L)$ 来分析该模型便会发现，对任意给定的常数 s_1, s_2，模型存在稳态路径（平衡增长路径）$Q(t) \equiv Q$，$C(t) \equiv C$，$Z(t) \equiv Z$，$K(t) \equiv K$。同时也存在最优值（s_1^*, s_2^*）使得 C 值最大。

10.2.5 具备环境质量总指标的模型

现在我们考察与环境污染有关的一个更为全面的模型（J. van der Bergh & P. Nijkamp, 1993），该模型描述了下列几种环境过程。

- 不可再生资源、半可再生资源和可再生资源的开采；
- 资源存量的缓慢而规律的再生（半可再生资源）；
- 环境污染的同化作用。

假设存在某一资源 R_s 为半可再生资源，即介于可再生资源和不可再生资源之间。它可以是土壤、土地或水，甚至是雨林或是一个类似再生缓慢且敏感的自然系统。举例来说，半可再生资源 R_s 意味着可以是生物资源或者是生态系统。

给定如下性质：

- R_n——不可再生资源存量；
- R_s——半可再生资源存量；
- R_r——可再生资源存量；
- Z——自然介质和有机物中的污染存量；
- E——环境质量的一个总指标（它取决于上面提到的所有参数）。

模型构成如下：

$$E = H(R_n, R_s, R_r, Z), \tag{10.17}$$

$$dR_n/dt = -r_n, \tag{10.18}$$

$$dR_r/dt = B(R_r, E) - r, \tag{10.19}$$

$$dR_s/dt = R_s[b_1(E) - b_2(dK/dt) - b_3(dL/dt)$$
$$- b_4(r_n) - b_5(r_r)], \tag{10.20}$$

$$dZ/dt = -A(Z, E) + z. \tag{10.21}$$

存量 R_n，R_s，R_r 和环境质量总指标 E 与可能发生的各个环境过程的比率存在着非负关系。指标 E 是关于 R_n，R_s，R_r 和 Z 的函数（随 R_n，R_s，R_r 递增，随 Z 递减）。这意味着全部环境过程都间接依赖于所有的环境存量。每单位时间内的资源开采 r_n，r_r 和废弃物排放 z 分别是对 R_n，R_r 和 Z 的外生影响。而存量 R_s 则受到经济规模的压力（用经济资本 K 的强度表示）、人口的规模 L 和开采资源的活动强度（用可再生资源和不可再生资源的使用比率 r_n 和 r_r 表示）等因素的影响。

自然增长函数 $B(R_r, E)$ 满足下列条件：

$$B(R_r^{\min}, E) = B(R_r^{\max}, E) = 0, E \geqslant 0,$$

当 (R_r^*, E^*) 满足：$0 < R_r^{\min} < R_r^* < R_r^{\max}, E^* > 0$ 时，$B(R_r^*, E^*) > 0$ 时，

其中 $R_r^{\min}$ 代表再生资源 R_r 的最低水平，$R_r^{\max}$ 则代表最高水平（也指资源的可承载量）。

自然同化函数 A 描述的是环境污染的同化过程（自我破坏），因此随 z 增长。函数 A 和 B 都随 E 增长。所有函数的一阶导数均为正。

模型（10.17）～（10.21）常常与某一经济增长模型联合使用（也就是说，与资源开采的生产函数（10.7）～（10.8）联合使用），该经济增

长是为了刺激能够保证自然资源再生的可持续经济发展。模型的主要思想（引入一个环境总指标，分离出一个半可再生资源并考虑污染同化）用于研究区域水平的经济环境模型。实际上，在接下来的第 11 章中，著名的世界动力学模型也使用了相类似的综合技巧来说明经济—环境的交互作用。

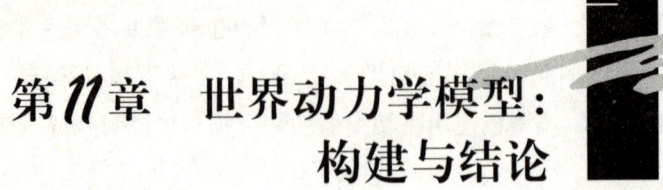

第11章 世界动力学模型：构建与结论

　　1972年，G. Forrester 和 D. L. Meadows 在罗马俱乐部率先提出了世界动力学第一模型（罗马俱乐部是一个半正式的国际科学家组织，目的是关注人类社会未来的发展）。模型的基础是系统动力学方法，实际上这种方法的早期发展主要是为了分析和设计工业体系。本章将在11.1节中进行模型分析，在11.2节中介绍模型改进。

　　在20世纪70年代和80年代实施的其他全球性发展方案还有：

- "转折期的人类"（M. Mesarovic 和 E. Pestel）；
- "世界经济的未来"（由 W. Leontief

指导）；
- "世界秩序的改变"（由 Y. Tinbergen 指导）；
- "发展的新视角"（东京大学）；
- "Bariloge 模型和其他模型"（由 A. Herrero 指导），及其他。

这些被称作全球性的模型使用了很多的经济—数学工具。我们首先分析前两个方案，它们对我们的研究目标很有意义。Mesarovic-Pestel 模型的基础是分级系统理论，我们将在 11.3 节考察它的结构，在 11.4 节分析 Leontief 方案，该方案的基础是投入—产出的经济分析（参见本书 4.1 节）。同时还加入了环境影响下的多部门线性经济模型的一个修正。

11.1　Forrester 全球模型

60 年代，由 G. Forrester 提出的系统动力学模型用于研究相互关联的变量间的复杂结构。世界动力学模型的重要特点是考察了交互作用子系统之间的反馈（连接），而反馈又分为正反馈和负反馈。举例如下：

- 人口规模⇒劳动力资源⇒商品产出量⇒饮食水平⇒出生率⇒人口增长（正反馈）
- 人口规模⇒环境污染⇒死亡增加⇒人口减少（负反馈）

Forrester 全球模型描述了世界系统的五个部分（级别）：人口、工业、自然资源、农业和环境，它们之间的相互连接方式有直接连接和逆向连接。模型中相互连接的结构如图 11—1 所示。

模型的主要参数为：

L——人口规模

w——物质生活水平（综合生活指标）

C——消费品产出（食物供应）

K——固定资产量（累积资本量）

κ——农业中的资本投入

Q——可用自然资源量

Z——环境污染综合水平

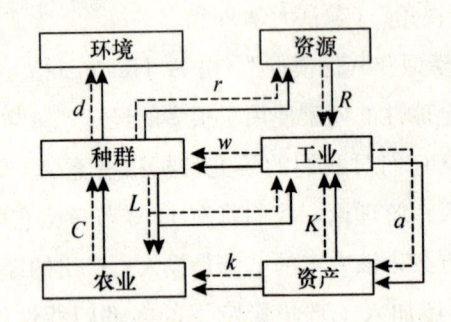

图 11—1 世界动力学 Forrester 模型框架

模型通过下列基本关系描述：

$$w = F_1(K, L, k, R), \tag{11.1}$$

$$C = F_2(\kappa K, L, Z), \tag{11.2}$$

$$dL/dt = (\eta_1 - \eta_2)L, \quad \eta_i = \eta_i(Z, w, C, L), \tag{11.3}$$

$$dK/dt = \alpha(w)L - \mu K, \quad \mu \text{ 为常数}, \tag{11.4}$$

$$dR/dt = -r(w)L, \tag{11.5}$$

$$dZ/dt = d(K)L - \gamma(Z)Z, \tag{11.6}$$

$$d\kappa/dt = h(w, C)L. \tag{11.7}$$

容易看出 Forrester 模型（11.1）～（11.7）实际上是对第 2、3 章和第 10 章中介绍的各个独立模型块及其修正后的一个综合。但是与所提到的模型相反，模型（11.1）～（11.7）中的系数 κ，η_1，η_2，α，r，d，γ 不是常数，它们所反映的是世界系统的非线性连接。

在世界发展中，下面的 5 种趋势（策略）已经得到了模拟，即：工业增长率、人口的快速增长、食物短缺地带的扩大、不可再生资源的枯竭和环境污染。

仿真结果如下：

- 21 世纪前半叶，自然资源枯竭将导致工业和农业增长减慢、人口规模缩小和全球性生态灾难；
- 为发现和获取无限量资源所引发的自然环境中过多的污染，可能会引发灾难；
- 如果人类社会确保有效的自然保护，那么人口的增长与工业和农业的生产增长都将会继续，直到可耕用地耗尽所导致的灾难出现。

详细的建议包括最大限度地稳定人口规模、生产规模和消费规模；减少环境污染（降低到目前的 1/4）和自然资源消耗（降低到目前的 1/8）。只有改善人类的行为（诸如人文、科学、教育和运动等），才能阻止不可再生资源的高度消耗和环境退化。

11.2 Forrester 模型修正

世界动力学第一模型自诞生之日起便吸引了广大公众和科学界的关注，对 Forrester 模型的主要评论如下：
- 模型很多假设的不现实性，特别是假设人类只可以使用几类固定原料等。
- 模型没有体现技术进步（依据是未来科学和工程的不可知性）。
- 模型变量集合水平过高：全球人口的平均增长率而不是独立地区的增长率，环境污染的平均水平而不是反映全球不同地区污染程度的具体指标等。
- 模型表现出对参数的变化过于敏感，因此初始定性假设（初始条件）对模拟结果影响过大。
- 模型的数学方程有反函数，然而现实世界是空间的且是不可逆的（例如，生活水平和人口增长率间的相互关系）。
- 在系统不适当的发展条件下（尤其是，模型中没有社会反馈，以及缺少预防生态灾难的防御机制），模型结构没有充分反映人类直接影响全球经济—生态系统的可能性。

Forrester 模型的修正主要是指导如何克服上面提到的不足。

11.2.1 Meadows 模型

Meadows 模型仍保留了 Forrester 模型的一般性（没有地域划分，整个世界系统都被视为一个地区），但是，对于世界系统中的要素、要素之间的相互关系以及一些要素的时滞和平滑作用都给予了更多的说明。例如：出生率和死亡率系数取决于人类的年龄；污染物排放时刻至污染物开始影响生物圈的时刻之间的时滞。

从定性角度看，这样的模拟效果仍然和 Forrester 模型一样。

11.2.2 新资源的可用性和地区特性

Coul 和 Kernow 提出了一个有用的不可再生资源的低指数增长，以及减少自然环境的污染（每年 1‰～2‰）。其结论显示生态灾难或者被推迟或者被排除。

根据各自的特殊性，世界上的国家被分成两种类型：发达国家和发展中国家。结果是：可以预测出两种区域性生态灾难（先是发达国家，后是发展中国家），而不是一个全球性的生态危机。模型被分割的部分越多，灾难数量增加的也越多。

11.2.3 技术进步的研究

R. Boyd 将技术进步引入到模型当中，假设"技术"是一个变量，而模型中的其他变量全部依赖于技术进步率。这是一个自主型技术进步，与第 3 章中的分类相一致。

其结论是：为了阻止生态灾难，有必要使技术进步率与人口的增长率和工农业产品的消耗率相符合。

11.2.4 引入社会反馈

Orlemans，Tellings 和 de Fries（荷兰人）在环境污染部分和自然资源部分中引入了社会反馈，该反馈说明了环境污染程度和防止污染支出之间的相互联系。其结论是：生态危机并不是不可避免。

11.3 Mesarovic-Pestel 模型

另一个著名的全球模型是 Mesarovic-Pestel 模型，该模型是根据分层系统理论构建的。

在模型中，依据各自技术—经济和社会—文化的不同特点，世界被分成 10 个区域。区域之间，通过进出口操作和人口迁移进行互动。

可以按照下列相互作用的分层级别划分每一个区域：

- **生态层**——包括非生命生物，它们是由人类与非人类的全部有生命生物（前言的自然环境中有描述）转变而来。
- **技术层**——包括由人类社会创造的全部技术以及技术对环境的影响。
- **经济层**——包括人类全部的经济活动。
- **社会—政治层**——包括正式组织（政府、国家公共机构等）和非正式组织（宗教运动、政党等）。
- **个体层**——描述人类身体和心理发展的情况。

模型的研究方法是基于对世界发展不同方案（策略）的一种会话分析。

仿真结果：

- 产生了几个区域性危机而不是一个全球性危机，值得一提的是，东南亚食品危机是由于食品产出增长率和人口增长率之间的时滞造成的；
- 随着全世界体系的平衡发展与区域间相互作用最优合作方案的出现，生态危机的危险性则会降低。

主要建议是，在关键地区尽快稳定人口增长。50 年过后，这种稳定也许不会战胜食品危机，但是在 25～30 年之内，如果各地区都支持经济发展，那么这种稳定就能够帮助避免危机。

11.4 Leontief-Ford 模型

如果将线性"投入—产出"经济分析应用到显性且充分非线性的全球"经济—生态"系统中，Leontief方案将显得十分有趣。

在此方案中，世界系统被分成15个区域模块，在各区域模拟中，经济、生态和人口统计过程的交互作用通过区域间"投入—产出"模型的修正来描述。此项方案提出了一种方法，该方法包括了交叉分支间彼此关联系统中的环境污染和净化活动。

Leontief-Ford模型代表了与Leontief多部门线性经济模型（4.2）中有关的一个"经济—生态"变量，模型（4.2）含有环境净化投入，可用如下矩阵方程简单描述含有这些支出的数学模型：

$$\begin{bmatrix} x_1 \\ x_2 \end{bmatrix} = \begin{bmatrix} A_{11} & A_{12} \\ A_{21} & A_{22} \end{bmatrix} \times \begin{bmatrix} x_1 \\ x_2 \end{bmatrix} \times \begin{bmatrix} y_1 \\ -y_2 \end{bmatrix}, \tag{11.8}$$

其中：

x_1 是总产出向量（n 维）；

x_2 是废弃污染物产品向量（$n-m$ 维）；

y_1 是最终消费品产出向量（m 维）；

y_2 是最终废弃产品向量（$n-m$ 维）；

A_{11} 是直接的产品投入矩阵 $m \times m$（参见4.1节）；

A_{12} 是去除污染物的直接产品投入矩阵 $m \times (n-m)$；

A_{21} 是每单位产品所产生的废弃物释放矩阵 $(n-m) \times m$；

A_{22} 是去除第 j 个废弃物单元过程中第 i 个废弃物的释放矩阵 $(n-m) \times (n-m)$。

模型包括用于环境净化投入的交叉分支结构，该结构对于最终产品的产出有影响，而产品成本的差异则取决于环境污染水平和经济—生态交互作用中的其他重要因素。

第 11 章 世界动力学模型：构建与结论

　　模型包括几百个未知变量，它考察了 8 种废弃物类型（不可去除的和部分可去除的）以及防治废弃物的 5 种不同策略。

　　直到 2000 年，才逐渐演变出了以该模型为基础的关于世界发展的 8 种不同方案。生产和消费对于环境污染的影响得到了明确，并确定了防治污染的费用投入和效率。可是，一个实际的问题是没有政府团体采纳这些方案，而且后来也没有深入的研究去评价 2000 年面临的预测有效性，这种情况对于所有的全球化模型来说是十分常见的。但尽管如此，也没有降低全球化模型在理论和方法论方面的重要性。

　　　　　＊　　＊　　＊　　＊　　＊　　＊　　＊

　　为了对本章进行总结，应该说明的是本章仅仅介绍了第一类全球化"经典"模型。在 70 年代和 80 年代此类研究得到了集中开展。之后有几个世界范围的科学家团体继续进行此项研究，最新的文献参见 J. van den Bergh（1996）；J. van den Bergh et al.（1994，1997）；R. Constanza（1991）；R. Constanza et al.（1996，1997）及其他。然而，与第一类全球化模型相比，新的结论没有得到深刻而广泛的接受。

　　本专著的作者没有参与过任何一个全球发展模型方案，也从没有运用充分的数据去模拟这一发展。已有的模拟经验仅限于一个区域水平。也就是说，本章主要目标是分析全球化模型，并说明构建这样的模型实际上并没有什么神秘之处，而不是去评价它们的实际重要性。作者的本意是，之所以强调全球化模型主要是为了发现人类社会可能面临的全球化问题以及吸引公众对这些问题的注意。

　　全球化经济环境的交互作用很明显过于复杂，以至于它的阐述还没有达到一个令人满意的程度，而且也只能运用现有的理论工具（包括数学方法）在一个定量的水平上对其进行模拟研究。正是这一原因，使得后来的经济—环境中研究的焦点转移到了区域性模型和污染的特殊类型方面（空气、水及其他）。这类更为特殊的区域性经济—环境问题通常有着更好的信息支持和更多感兴趣的客户（区域管理团体等）。一些区域性经济—环境模型将在下一章中介绍。

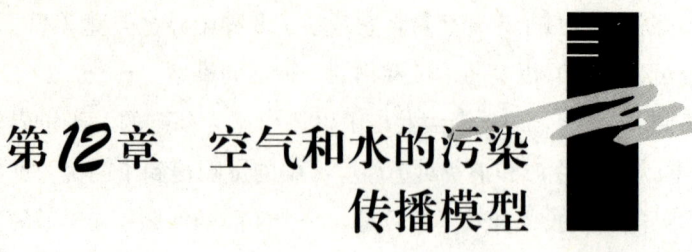

第12章 空气和水的污染传播模型

针对区域性经济—环境系统的管理，人们提出了需要科学证实的一系列重要问题。这些问题包括：

- 如何确定最危险的介质（水、空气、土壤）、污染物类型以及它们的传播模型。
- 在具有生态意义的地带，如果考虑污染物的迁移、扩散、沉降和其他因素，那么该如何构建所有污染物集中释放的联合（组合）效应模型。
- 如何确定区域内的污染物限制性许可浓度（limiting permissible concentrations，LPC），以及如何确定区域内每一家工厂（因子）的限制性许可排放（limiting permissible emissions，LPE）。
- 与清除具有生态危险的制造业相比，如何实现行业的现代化过程；另外，对于重新构建制造业的过程，该如何确定最优计划和理性时间表。
- 如何选择特殊产品和生产技术，如何确定重新建立生产结构的合理构架。
- 如何预测区域内部的一个经济政策对于全球环境的影响。

本章的模型将讨论前三个问题，其他问题会在第 13 章中介绍。

12.1 工厂安置控制模型

下面将要考虑大气中污染传播的控制问题，研究基础是第 8 章建立的成分迁移和成分弥散的简单模型。

有关工厂安置控制模型中常见的解释是：

- 寻找一个区域 $\omega \in R^3$，在其范围内可以安置一个新的废弃物成分源（一个新工厂），使得在具有生态意义的区域 G_k，$k=1, \cdots, m$ 内，污染水平不超过指定的限定性许可浓度。

根据限制性许可浓度规范的有效性，这个问题中的控制影响会涉及新工厂安置的决策。为有效地解决此类问题，还需要使用一些特殊的数学方法。我们将一种新的数学方法（共轭方程法）运用到所研究问题的一种特定情况。

若只考虑这种问题的一维情况，则空气污染传播模型形式如下（参见公式（8.7））：

$$\partial g/\partial t + v \partial g/\partial x + \sigma g - \mu \partial^2 g/\partial x^2 = Q(x - x_0). \tag{12.1}$$

它是一个关于成分浓度 $g(t, x)$，$-\infty < x < +\infty$，$0 \leqslant t \leqslant T$ 的方程。

坐标 $x_0 \in R^1$ 决定了新工厂（成分源）的安置定位。

问题：确定包含点 x_0 的区域 ω，使得不等式 (12.2)：

$$g(\tau_1,\xi_1)\leqslant C \tag{12.2}$$

在既定的时刻 τ_1，$0\leqslant\tau_1\leqslant T$ 处和在给定具有生态显著性的点 ξ_1 处成立。

使用直接研究方法能够近似地解决这个问题（即，对微分变量 x_0 反复求解方程 (12.1)）。运用共轭方程法可以快速、精确地得到该问题的解。对方程 (12.1) 运用共轭方程法的步骤如下：

1. 引入函数 $p(x,t)=\delta(x-\xi_1)\delta(t-\tau_1)$，泛函积分为：

$$I=\int_0^T\int_{-\infty}^{\infty}p(t,x)g(t,x)\mathrm{d}x\mathrm{d}t=g(\tau_1,\xi_1)。 \tag{12.3}$$

2. 针对方程 (12.1) 构造所谓的共轭问题：

$$-\partial g^*/\partial t-v\partial g^*/\partial x+\sigma g^*-\mu\partial^2 g^*/\partial x^2=p。 \tag{12.4}$$

其中 $-\infty<x<\infty$，$0\leqslant t\leqslant T$，初始条件为：

$$g^*(T,x)=0,\quad -\infty<x<\infty。$$

3. 已知共轭问题的解 $g^*(t,x)$ 满足下列关系：

$$\int_0^T\int_{-\infty}^{\infty}f(t,x)g^*(t,x)\mathrm{d}x\mathrm{d}t=\int_0^T\int_{-\infty}^{\infty}p(t,x)g(t,x)\mathrm{d}x\mathrm{d}t。$$

其中 f 是方程 (12.1) 的右侧。由此可得未知控制变量 x_0 的泛函积分 (12.3) 的相关函数为：

$$I=I(x_0)=Q\int_0^T g^*(t,x_0)\mathrm{d}x\mathrm{d}t。$$

4. 在这种情况下，通过 Fourier 变换，利用解析方法，可得到共轭问题 (12.4) 的精确解 $g^*(t,x)$，$-\infty<x<\infty$，$0\leqslant t\leqslant T$：

$$g^*(t,x)=\begin{cases}\dfrac{e^{\frac{\sigma(\tau_1-t)+(x_0-\xi_1+v(\tau_1-t))^2}{4\mu(\tau_1-t)}}}{2\sqrt{\pi\mu(\tau_1-t)}}, & t\in[0,\tau_1]\\ 0, & t\in(\tau_1,T]\end{cases}。$$

5. 构造和计算函数 $I(x_0)$：

$$I(x_0) = Q\int_0^{\tau_1} \frac{e^{\frac{\sigma(\tau_1-t)+(x_0-\xi_1+v(\tau_1-t))^2}{4\mu(\tau_1-t)}}}{2\sqrt{\pi\mu(\tau_1-t)}} dt 。$$

函数 $I(x_0)$ 的图形如图 12—1 所示。

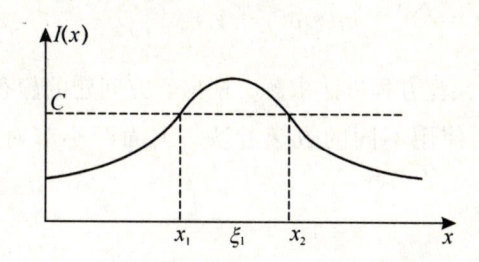

图 12—1　来自安置点 x 内的一个新成分源在具有"生态意义"的点 ξ_1 处的污染分布

易见，当 $x\leqslant x_1$ 和 $x\geqslant x_2$ 时，条件（12.2）成立。因此，安置一个新工厂的解区域是：$\omega=\{x：x\leqslant x_1, x\geqslant x_2\}$。

12.2　工厂污染强度控制

假设存在污染强度为 $\mu_i(t)$ 的 n 个工厂，它们被安置在某个区域 $G\in R^3$ 内的点 γ_i 处，$i=1,\cdots,n$。

则控制问题包括如下内容：

- 在某一具有"生态意义"的区域 $G_0\subset G$ 内，明确所有工厂的限定性许可排放量 μ_i，$i=1,\cdots,n$，使得废弃物的总浓度关于时间的平均值不得超过一个给定的限定性许可浓度 C。

空气污染传播模型相应如下（参见方程（8.7））：

$$\partial g/\partial t+\mathrm{div}\nu g+\sigma g=\partial g/\partial x_3(\nu\partial g/\partial x_3)+\mu\Delta g+f, \quad (12.5)$$

初始条件和边界条件分别为：

$$g(0,\gamma)=g_0(\gamma), \quad g(T,\gamma)=g(0,\gamma), \quad (12.6)$$

在 S 上，$g=g_S$， $x_3=0$ 时，$\partial g/\partial x_3=ag$， $x_3=H$ 时，$\partial g/\partial x_3=ag$，
$$\text{(12.7)}$$

其中 C 是柱体，S 是它的侧面积。根据 8.2.2 节，方程（12.5）释放强度函数为：

$$f(t,\gamma) = \sum_{i=1}^{n} \mu_i(t)\delta(\gamma-\gamma_i)。$$

该问题也可通过共轭方程方法求解。根据研究问题的静态情况和动态情况的不同需要而使用不同的数学方法。下面两小节对它们分别进行讨论。

12.2.1 空气污染强度的静态控制

由上可知未知控制量是 n 个实数 $u_i \in R^1$，$i=1,\cdots,n$。

将共轭方程方法应用到问题（12.5）～（12.7）当中，步骤如下：

1. 在区域 G_0 中，废弃物成分总浓度关于时间的平均值可由如下泛函积分描述：

$$I = \int_0^T\!\!\int_{G_0} pg\,\mathrm{d}G\mathrm{d}t,\text{ 其中 } p=p(r)=\begin{cases}1/T, & r\in G_0\\ 0, & r\notin G_0\end{cases}。$$

2. 针对式（12.5）～（12.7）的共轭问题是：

$$-\partial g^*/\partial t - \mathrm{div}\nu g^* + \sigma g^* = \partial g/\partial x_3(\nu \partial g^*/\partial x_3) + \mu\Delta g^* + p,$$

其中初始条件为 $g^*(T,\gamma)=0$，边界条件为式（12.7）。

3. 然后，运用 g 和 g^* 之间的已知关系：

$$\int_0^T\!\!\int_{G_0} fg^*\,\mathrm{d}G\mathrm{d}t = \int_0^T\!\!\int_{G_0}^{\infty} pg\,\mathrm{d}G\mathrm{d}t,$$

我们可得到如下条件：

$$I = \int_0^T \mathrm{d}t \int_{G_0} g^* \sum_{i=1}^{n} u_i\delta(r-r_i)\mathrm{d}G$$

$$= \sum_{i=1}^{n} u_i \int_0^T g^*(r_i,t)\mathrm{d}t = \sum_{i=1}^{n} u_i A_i \leqslant C,$$

其中，$A_i = \int_0^T g^*(r_i,t)\mathrm{d}t$，且 A_i 的值不依赖于未知控制变量 u_i，$i = 1,\cdots,n$。

4. 满足 $\sum_{j=1}^n \bar{u}_j A_j = C$ 的释放量 $\bar{u}_i$，$i = 1,\cdots,n$ 被称作限制性许可释放量。由于决定释放量的条件并不唯一，所以允许存在一个附加的优化标准。比如用于净化废弃物的总投入最小化：

$$\sum_{j=1}^n \bar{u}_j \lambda_j \to \min, \quad \sum_{j=1}^n \bar{u}_j A_j = C, \tag{12.8}$$

其中 λ_j 是第 j 个工厂为降低一单位的污染成分释放量所投入的固定支出。

这样，我们便得到了控制 $\bar{u}_i$，$i = 1,\cdots,n$ 的线性规划问题 (12.8)。

12.2.2 空气污染强度的动态控制

这个问题与模型（12.5）～（12.7）是相同的，只不过控制量（工厂的限制性许可排放）取决于时间 t，而且控制变量允许的取值范围是：

$$0 \leqslant u_i(t) \leqslant U_i^{\max}(t), \quad i = 1,\cdots,n, \quad t \in [t_0, T]。$$

其共轭方程法的前两步与上一节中的内容相同，但第三步却需要增加一个约束不等式：

$$I(u_1(\,.\,),\cdots,u_n(\,.\,)) \leqslant C, \tag{12.9}$$

式 (12.9) 关于 $u_i(\,.\,)$，$i = 1,\cdots,n$ 是非线性的。

通常，约束条件 (12.9) 的解并不唯一，而且若引入一个附加优化条件，则问题就全面了。为了构建这样的一个例子，首先引入反映第 i 个工厂功能的若干经济指标：

- 在时期 $[t_0, t]$ 内的工厂利润：

$$A_i(t) = \int_{t_0}^t h_i(u_i(\tau))\mathrm{d}\tau, h_i \geqslant 0, h'_i > 0。$$

- 在时期 $[t_0, t]$ 内支付的环境污染税：

$$G_i(t) = \int_{t_0}^{t}\int_{G_0} c_i(r)g(r,\tau)\mathrm{d}r\mathrm{d}\tau, \quad c_i \geqslant 0。$$

- 超过限制性许可浓度规定的污染水平 $R^{\max}$ 时所受到的处罚：

$$S_i(t) = \begin{cases} H_i(R(t)), & R(t) > R^{\max} \\ 0, & R(t) \leqslant R^{\max} \end{cases},$$

其中 $R(t) = \int_{G_0} g(r,t)\mathrm{d}r$。

那么第 i 个工厂的净利润则可被定义成：

$$K_i(t, g(\,.\,), u(\,.\,)) = Q_i(t) - G_i(t) - S_i(t), \quad i = 1, \cdots, n。$$

在第 3~6 章中曾经介绍过的其他经济特征也能作为函数 $K_i(\,.\,)$ 的构成。

这样，我们可得到如下优化问题（最优控制问题）：

$$\sum_{j=1}^{n} K_i(t, g(\,.\,), u_i(\,.\,)) \to \max$$

约束条件是式 (12.5)~(12.7) 与式 (12.9)，而且式 (12.9) 是关于未知函数 $u_i(t)$，$i = 1, \cdots, n$，$t \in [t_0, T]$ 的函数。

如果 $i > 1$，同时假设所有工厂都是独立的经济机构，那么每个工厂净利润最大化的问题就可以被视为一个 n 个人参加的微分博弈，持续期为 $T - t_0$。该博弈的动态性可由方程 (12.5) 来描述，未知函数为工厂的限制性许可排放 $u_i(\,.\,)$。

从计算的角度讲，用公式表达的问题是标准的，并可通过已有的数值方法来解决。如果对于这些问题采用解析法（定性）分析，那么它们通常会变得相当复杂。

12.3 水污染传播控制

水污染传播的控制问题常常与水资源控制的其他问题联合起来考虑，并采用水污染传播模型中的简单类型（参见第 9 章中的一维和零维

第 12 章 空气和水的污染传播模型

模型)。这类问题的表述充分取决于控制的可能性。对于它们的特殊性，将通过一个梯级水库的工作机制的最优控制例子进行说明。

假设在水库开发条件的框架下来研究水库功能最优变量的选择问题，则该问题的解可作为以下每个水库优化问题的结论（或者它们的模拟结论）。

污染传播的物理过程可以通过零维（室）模型（9.32）~（9.37）来描述，该模型反映的是水库之间相互关联的情况（每一个水库对应模型中的一个室）。

假设一个预测期包含 n 个时间区间。与上一节不同，我们将会考察在离散的时间点 t_i，$i=1,\cdots,N$ 处的过程动态变化。这将会引出一个有限维优化问题（数学规划问题）。

假设用 $R_i = R(t_i)$ 表示外部效应（沉降，废弃物污染，水量消耗等）向量。那么过程动态变化可由水量消耗 Q_i，水位 H_i 和废弃物浓度 C_i，$i=1,\cdots,N$ 来描述，且给定初始值 H_0 和 C_0。

可从每个水库的一个最优工作机制的计算中推导出向量 $R=(R_1,\cdots,R_N)$，$Q=(Q_1,\cdots,Q_N)$，$H=(H_1,\cdots,H_N)$，$C=(C_1,\cdots,C_N)$ 的定义，这些向量保证目标函数（12.10）最小化：

$$F(H,C,Q,R) \to \min \text{。} \tag{12.10}$$

为此，约束条件必须满足：

$$G_j(H,Q,R) < 0, \quad j=1,\cdots,M\text{。} \tag{12.11}$$

式（12.11）能够确保水量消耗遵守水平衡条件，而耗水量与经济活动、水文气象活动（包括流入、沉降和蒸发）以及水力建筑安全要求、生态标准要求、工艺安全要求等事项有关。

从决策者的角度讲，目标函数（12.10）中的值越小，则对应的情况越好。目标函数可用如下形式表示：

$$F(H,C,Q,R) = \sum_{k=1}^{K} p_k f_k \tag{12.12}$$

其中 f_k 是关于水库控制的特定目标的一些最优标准，K 是这些标准的数目，p_k 是特定目标的显著性系数，这些系数可以改变整个目标函数的结构，$p_k > 0$，$k = 1, \cdots, K$，$\sum_{k=1}^{K} p_k = 1$。

特别地，上述特定目标函数 f_k 还包含以下情况：

- $f_1 = \max(C_i) \Leftrightarrow$ 推导出最高污染浓度；
- $f_2 = \sum_{i=1}^{N} (H_i^{opt} - H_i)^2 \Leftrightarrow$ 获取一个水动力机制，该机制能够最大程度地接近给定的理想值 H_i^{opt}，$i = 1, \cdots, N$；
- $f_3 = \sum_{i=1}^{N} (Q_i - Q_{i-1})^2 \Leftrightarrow$ 提供水库最一致性的功能，防止水位的突然变化；
- $f_4 = \sum_{i=1}^{N} Q_i^2 \Leftrightarrow$ 保持水库中的水位；
- $f_5 = \max(Q_i) \Leftrightarrow$ 定点最高水位及其他。

问题（12.10）～（12.12），以及问题（9.32）～（9.37）都可以通过数学规划中的标准数值算法求得。

需要说明的是：本章所涉及的污染传播控制中的空间分布问题都被简化为控制选择中的"点问题"，并没有包括空间坐标，这样做的目的是能够大大降低原有问题中计算的复杂程度，并可以通过数值方法有效求解。类似的数值分析方法常被用来解决应用模型中十分复杂的数学问题。

第13章 技术革新模型中的环境影响

本章主要讨论在制造系统对环境产生影响的情况下,制造系统中改良技术(工艺)装备的建模问题。我们假设上一章中提出的一系列问题已经得到解决。特别是,假定已经解决了评价区域内工厂污染对限定性许可浓度的综合影响。同时也假定明确了每个工厂的限定性许可排放量。这样,利用现代化的制造过程减少区域内工厂对环境负面影响的经济管理方法就显得尤为重要了。

生产(制造)结构对于评价经济—生态系统的全球状态来讲十分重要。定义制造过程结构的关键因素是技术进步,因为它影响着经济—生态系统功能的不同方面,尤其是能够降低生产过程对生态的负面影响。一个有效的经济—生态系统管理需要构建清除陈旧设备与实现生态无害性技术的生产重建的合理速度模型。

在大多数经济—环境模型中（也包括前面章节中所提到的模型），所有的生产手段（仪器、设备）都被看成是与它们的生产率和负面生态影响有关的平均水平。但这样做，并没有解决陈旧设备的部分或是全部废弃（即使是基于生态要求它们不可能会得到继续使用）。为此，我们放弃了强控制手段，比如，舍弃了最具生态破坏性的技术。

例如，在全球性 Forrester 模型 (11.1) ~ (11.7) 中，假设资产损耗率 μ 是常数，比如 $\mu=0.025$，那么该模型由一个平均年限为 40 年的设备生命期来确定。但在此模型和其他全球性模型中都没有分析技术革新（特别是强制性的加速革新）。不过，可以基于积分经济模型对类似的控制问题进行有效研究，比如我们在第 5 章和第 6 章中介绍过带有物化型技术进步的积分经济模型。

本章将要介绍物化型技术进步经济—环境模型，并且在考虑环境影响的前提下，对第 6 章有关经济学中优化控制的结论进行了推广。因为更加详细的模型完全可以作为一个独立专著的主题，故我们仅限于描述此类影响的综合形式。

13.1 技术革新和环境影响建模

假设存在一个制造系统（如一个工业分支，一个工厂或是一个企业等）能够生产有用的商品，但是对环境却有负面影响，在物化型技术进步的条件下运行，可使得较新的生产手段（固定资产、设备）更为有效，而且也减少了对环境的负面影响。与第 5 章相同，设备单元可以作为衡量生产过程的一个基本单位。

采用带有可控的设备革新对单部门积分模型 (5.10) ~ (5.11) 进行修正，就可以描述上述制造系统：

第 13 章　技术革新模型中的环境影响

$$Q(t) = \int_{a(t)}^{t} \beta(\lambda(\tau),\tau,t) m(\tau) d\tau, \qquad (13.1)$$

$$P(t) = \int_{a(t)}^{t} m(\tau) d\tau, \qquad (13.2)$$

它们满足如下附加的环境污染平衡条件：

$$R(t) = \int_{a(t)}^{t} r(\lambda(\tau),\tau,t) m(\tau) d\tau。 \qquad (13.3)$$

与模型（5.10）～（5.11）相比，这个新模型突出了每单位时间内的废弃物污染量 $R(t)$（即环境污染水平）与每单位时间内由一单位设备单元释放出来的废弃物量 $r(\lambda(\tau),\tau,t)$（设备单元固有的单位生态破坏性）。模型中的其他函数与第 5 章和第 6 章的内容相同，比如：设备单元成本 $\lambda(t)$，单位生产率 $\beta(\lambda(\tau),\tau,t)$，联合劳动力 $P(t)$，设备单元生存期 $t-a(t)$ 以及进入系统的新设备单元的数量 $m(t)$。

可以假设较新的和较昂贵的设备单元具备更高的生产率和更小的环境破坏性，也就是说，函数 $\beta(\lambda(\tau),\tau,t)$ 随着 τ 和 λ 的增加而递增，与此同时，$r(\lambda(\tau),\tau,t)$ 则随着 τ 和 λ 的增加而递减（$\partial \beta/\partial \tau > 0$，$\partial \beta/\partial \lambda > 0$，$\partial r/\partial \tau < 0$，$\partial r/\partial \lambda < 0$）。

至于模型（13.1）～（13.2）中的不同优化问题，可以看作是 6.1 节和 6.2 节中相应分析问题的模拟。由于环境影响会导致优化模型最优路径中定性行为的本质差异，所以我们将只关心下面两个问题。

13.1.1　给定生态平衡条件下生产革新的优化

乍看起来，给定了环境污染平衡，再去衡量环境的影响似乎十分自然。但实际上，这类问题与 Kantorovich 单部门积分经济模型中的 OP3 问题很相似（参见 5.2 节和 6.2.2 节），并且分析方法也十分接近。

问题在于如何确定未知函数 $a(t)$，$\lambda(t)$，$m(t)$，$Q(t)$，$t \in [t_0, T]$，$T \leqslant \infty$，使得在单部门积分模型（6.1）～（6.3）中，若给定 $P(t)$ 和 $R(t)$，$t \in [t_0, T]$，能够实现下列目标函数最大化（产出减去用于生产革新的支出）：

$$I_1 = \int_{t_0}^{T} \rho(t)[Q(t) - \lambda(t)m(t)]dt \to \max_{\lambda,a,m}, \quad (13.4)$$

(其中，$\rho(t)$ 是折旧乘数，$\rho'<0$，并存在如下约束不等式：

$$0 < m(t) < M(t), \quad 0 < \lambda(t) < L(t), \quad (13.5)$$

$$a'(t) \geqslant 0, \quad a(t) < t, \quad (13.6)$$

以及初始条件：

$$a(t_0) = a_0, \quad m(\tau) = m_0(\tau), \quad \lambda(\tau) = \lambda_0(\tau), \tau \in [a_0, t_0]。$$
$$(13.7)$$

模型的因素分析：

设函数 $m(.)$ 是一个独立控制变量，那么约束方程组（13.2）～（13.3）与另外两个控制函数 $a(.)$，$\lambda(.)$ 并不总是保持一致。如果给定函数满足下列不等式：

$$r(L(t), t_0, t) < R(t)/P(t) < r(0, t_0, t),$$

则该问题有解。

在经济模型中，出现上述联立平衡不等式（不只出现在生态模型中）的情况较为普遍。在这种情况下，平衡变量 $R(.)$ 和 $P(.)$ 的动态变化不能任意确定。

与类似问题 OP3 和 OP1 相反（参见 6.2 节），只有在特殊情况下，问题（13.1）～（13.7）中的大道性质才是内生的。

假设 $\beta(\lambda, \tau) = b_1 e^{\theta \tau} \lambda^{1-p}$，$0 < p < 1$，$\theta > 0$（Cobb-Douglas 函数），则 $r(\lambda, \tau) = b_2 e^{-s\tau} \lambda^{1-p}$，$s < 0$。

如果给定的平衡变量是固定的：$R' = P' \equiv 0$，那么最优解 $a^*(t)$，$\lambda^*(t)$，$m^*(t)$，$t \in [t_0, T)$ 满足常态（$T < \infty$）和强态（$T = \infty$）条件下的大道定理，这与 OP1 中的性质 B 和 C 相似（参见 6.1 节）。而且，最优解 $\lambda^*(t) = \exp(\theta t/p)$ 不取决于 $a^*(t)$ 和 $m^*(t)$。然而，如果有一个平衡变量发生变化（如 $R(t) = \exp(ct)$，$c > 0$），那么就不会存在大道路径。

13.1.2 环境污染处罚条件下的最优化

前面提过环境污染平衡的一个强执行是非常困难的。这样我们首先来考虑目标指标的差异性，然后研究在生产革新投入与环境污染处罚两个条件下产出的最大化问题。这个问题就是 OP1 在目标函数变形后的一个修正（参见 6.2.1 节）。另外，假设仅当在超过污染释放许可水平 $R_{\max}$ 时才使用处罚函数 $r(.)$，并且处罚函数与污染释放许可水平的超出量成正比。这样，目标函数可用如下形式表示：

$$I_1 = \int_{t_0}^{T} \rho(t)[Q(t) - \lambda(t)m(t) + r(t)[R(t) - R_{\max}(t)]_+] dt \to \max_{a,m}, \quad (13.8)$$

其中：

$$[x]_+ = \begin{cases} x, & x \geqslant 0 \\ 0, & x < 0 \end{cases}。$$

模型的因素分析：

6.1 节讨论过优化问题中有关 $r(.) \equiv 0$（或 $R_{\max} = \infty$）的情况，而且它的大道性质也被一一列出。接下来，我们将根据处罚函数 $r(.) > 0$ 的一个特征再来考察这些性质。

假设，在某一时刻 t_1，$t_1 > t_0$，处罚机制为：当 $t > t_1$ 时，$R(t) > R_{\max}(t)$；当 $t < t_1$ 时，$R(t) < R_{\max}(t)$，那么会存在一条大道路径 $\bar{a}(.)$（如果存在的话）在时刻 t_1 处有一个间断点，而且与 OP1 相比，问题 (13.8) 更为复杂。特别地，最强态的大道定理（6.1.2 节中的性质 A）也永远不成立。

原因在于被积函数 $Q - \lambda m + r[R - R_{\max}]$ 中的污染量 R 是分段线性的。换个方式来说，当 $R(t) < R_{\max}(t)$ 时，降低 $R(.)$ 的经济机理是不存在的，而且 $R(.)$ 在驻点 $R_{\max}(t)$ 处会发生跳跃。实际上，"单位处罚" $r(t)$ 是有限的且独立于 $R(t)$，它代表的是对环境污染处罚所作的一种假设。尽管如此，在这种情况下常态的大道定理依然成立（6.1.3 节中性质 B 的一个模拟）。

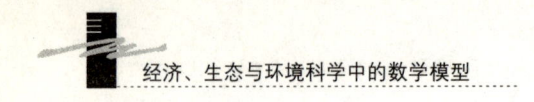

考察问题的线性情况：

$$\beta(\tau)=c_1\tau+c_2, \quad r(\tau)=c_4-c_3\tau, \quad c_i>0, \quad i=1,2,3,4。$$

与 OP1 一样，存在一个大道机制，并且该机制描述了一个生产革新，其中设备单元的生存期 d 为常数，$d: \bar{a}(t)=t-d$，$t\in[t_0, \infty)$，但是 $R(.)>R_{max}(.)$ 时与 $R(.)<R_{max}(.)$ 时的常数 d 是不同的。换句话说，大道路径是不连续的。

可见，附加的环境平衡在技术优化问题中是一个非平凡主题，而且环境平衡还需要对给定的参数做前期分析。

13.2 两层经济生态系统中的技术优化

在经济—生态系统中，存在两个内在的、对立的综合指标：一个是经济—生态系统资源使用的强化，另一个是环境的保护和改善。一般地，这些指标在不同的管理层面有不同的优先权。因此，当解决经济—生态系统的控制问题时，我们不能回避对一个多层等级控制系统的分析。

等级控制结构是按照一定的优先权顺序排列的多个控制层。采用层数和连接类型来区分等级控制系统。其中，最简单的形式是下面介绍的双层控制问题。

13.2.1 双层控制问题阐述

首先考察一个双层生态—经济系统（"中央"—"工厂"）中的优化控制问题。"中央"是第一层（最上层），它控制着"工厂"，控制方法是对超过规定的环境污染水平的工厂建立处罚机制。

我们假设"中央"的运营目标是使得综合效用函数 $U(Q_i, R_i)$ 最大化，该效用函数取决于产出 Q_i 和每个"工厂"的环境污染量 R_i，$i=1, \cdots, N$。

第 13 章 技术革新模型中的环境影响

使用带有可控技术结构的单部门积分模型（13.1）～（13.3）描述"工厂"的动态变化。假设"工厂"的目标是利润（产出减去支出）最大化，其目标函数用式（13.8）表示。

在所研究的问题当中，由于不同"工厂"的处罚和运营模型之间并不相关，所以我们可以将范围限定在"中央"—"1 个工厂"系统，由此得到的结果对于"中央"和"N 个工厂"（N>1）之间的交互作用来说，同样有效。

用下面函数表示"中央"的目标：

$$I_0 = \int_{t_0}^{T} U(Q(t), R(t)) dt \to \max_r, \quad (13.9)$$

其中效用函数 $U(Q, R)$ 一般满足以下性质（参见第 2～4 章）：

$$\partial U/\partial Q > 0, \quad \partial U/\partial R < 0, \quad \partial^2 U/\partial Q^2 < 0, \quad \partial^2 U/\partial R^2 < 0。$$

"中央"管理"工厂"的方法是当"工厂"超过了规定的环境污染水平 $R_{\max}(\cdot)$ 时，"中央"就会对其进行处罚。即设定处罚函数 $r(t)$，"中央"控制函数要满足约束条件（13.10）：

$$0 < r(t) < r_{\max}, \quad \text{当 } R(t) < R_{\max}(t) \text{ 时}, \quad r(t) \equiv 0。 \quad (13.10)$$

"中央"—"1 个工厂"的双层控制系统问题描述如下：

- 确定函数 $r(t)$，$t \in [t_0, T]$，它使式（13.9）最大化。在满足约束条件（13.1）～（13.3）和（13.10）以及初始条件（13.8）的情况下，函数 $m(t)$，$a(t)$，$t \in [t_0, T]$ 保证函数（13.9）最大化。

在这个双层最优控制问题中，我们需要明确一个外生（上层）问题和一个内生问题。

外生优化问题说明"中央"如何控制"工厂"，其方法是根据超过许可的污染释放量水平按单位 $r(\cdot)$ 实施处罚。

内生问题是"工厂"利润最大化。通过改变"工厂"技术结构革新（未知设备单元的生存期和新设备单元的数量）的强度，实施"工厂"层面上的控制。这个问题（其中 $r(t)$ 给定）已在 13.1.2 节有过讨论。

外生问题和内生问题是通过由外生水平决定的未知控制量 $r(.)$ 联系在一起的。

13.2.2 双层控制问题分析

下面我们继续关注问题的线性情况：

$$\beta(\tau)=c_1\tau+c_2, \quad r(\tau)=c_4-c_3\tau, \quad c_i>0, \quad i=1,2,3,4。$$

首先用 r^*，m^*，a^*，R^* 表示双层问题的解。很明显，如果 $R^*(t)<R_{max}(t)$，$t\in[t_0,T)$，那么 $r^*\equiv 0$，内生优化问题与基本 OP1 相一致，因此，最优路径 $m^*(t)$，$a^*(t)$，$t\in[t_0,T)$ 的行为完全可由 OP1 的性质决定。

如果"中央"影响"工厂"运营的方法是：$R^*(t)>R_{max}(t)$，那么最优机制受限，即：最优解 r^* 是最大的可能值 r_{max}，设备单元的革新率也是最大的可能值。而且，在区间 $[t_0,T)$ 内的某个初始部分中，如果不等式 $R^*(t)>R_{max}(t)$ 在区间 $[t_0,T)$ 上的某一初始部分上成立，那么，当 r_{max} 的值和 $T-t_0$ 的值足够大时，从某一点 t_1，$t_0<t_1<T$ 开始，不等式 $R^*(t)\leqslant R_{max}(t)$ 成立。

这样，区间 $[t_0,T)$ 可以被分成两部分：

- 在初始区间 $[t_0,t_1)$ 上，如果污染释放量 $R^*(t)$ 超过了它的许可释放水平 $R_{max}(t)$，那么处罚 r^* 最大，而且工厂革新率也最大。
- 在最后一个区间 $[t_1,T)$ 上，如果 $R^*(t)\leqslant R_{max}(t)$，那么处罚 $r^*=0$，工厂发展不受中央的影响。

因此，在所研究的双层控制系统中，可以构建如下最优策略：

- **"中央"最优策略**

  在"工厂"的环境污染 $R^*(t)$ 超过最大许可水平 $R_{max}(t)$ 的区间上，存在最大可能处罚。

- **"工厂"最优策略**

  ■ 在"工厂"的环境污染 $R^*(t)$ 超过最大许可水平 $R_{max}(t)$ 的

第 13 章 技术革新模型中的环境影响

区间上，存在最大可能技术革新率和最短设备生存期。

- 当"工厂"的环境污染量没有超过最大许可水平 $R_{\max}(t)$ 时，将出现一个仅由技术进步（参见第 6 章）确定的最优"工厂"革新率。

需要说明的是，所构造的最优处罚 $r^*(t)$，$t\in[t_0,T)$ 是限制在式 (13.10) 所确定的区域内：$r^*=0$ 或是 $r^*=r_{\max}$。这从根本上约束了最优路径的相位图。"工厂"最优策略与下面几项相对应：最大程度上快速清除最陈旧设备快速更新现代设备以及快速降低污染状况。

上述结论来自控制系统中的一种单向连接。也就是说，"中央"从财政角度迫使"工厂"重视污染最低化标准，当然这点对于"中央"来说也同样重要。不过，"中央"并不关心"工厂"的此项支出。为了获得更精确的（内部的）最优模式，有必要在某种程度上改变"中央"运营目标。方法如后所叙。

13.2.3 中央目标修正后的控制问题

我们假设"中央"的目标效用函数取决于"工厂"利润 $Q-\lambda m$ 而不仅是产量 Q。更确切地说，当"中央"控制工厂时，要考虑的是"工厂"新设备投入使用时发生的资本投入。当然，在使用下列函数 (13.11) 替代目标函数 (13.9) 时，这种考虑会体现在外生控制问题中，

$$I_0 = \int_{t_0}^{T} U(Q(t) - \lambda(t)m(t), R(t))\,\mathrm{d}t \to \max_{r}\,。 \qquad (13.11)$$

于是，对于足够大的 $r_{\max}(t)$ 值和 $T-t_0$ 值，双层问题的最优解存在这样的结构：当 $t\in[t_0,t_1)$ 时，$0<r^*(t)<r_{\max}$；当 $t\in[t_0,T)$ 时，$r^*(t)\equiv 0$。在初始区间 $t\in[t_0,t_1)$ 内，最优处罚出现在区域 $(0,r_{\max})$ 内，而且相应的"工厂"革新机制具有大道性质。

最优控制策略形式如下：

- "中央"最优策略

  在 $R^*(t)>R_{\max}(t)$ 的时间区间上，存在一个低于最大值 $r_{\max}$ 的

最优处罚 r^*，而且 r^* 根据工厂的支出最优确定。
- "工厂"最优策略
  - 在"工厂"的环境污染量 $R^*(t)$ 超过最大许可水平 $R_{\max}(t)$ 的区间上，存在一个附加环境处罚 r^* 的加速技术革新。
  - 当"工厂"的环境污染量没有超过最大许可水平时，"工厂"的最优革新率只由技术进步确定。

第 *14* 章　生态污染的经济控制

本书讨论的主题是经济—生态交互作用中的一个特殊领域——生物群落（种群）的理性开发利用。很多重要的实践活动，比如，保护环境，理性消耗生物资源，提高农业生产力，发展渔业和畜牧业，都与生态群落的开发利用有关。数学建模有助于防止出现负面的生态结果，以及在一定的自然和经济约束的条件下，用最小的成本获得开发的最大经济利润。

相应地，多种数学模型和工具都可用于控制生物群落的开发利用。它们通过共同的研究对象（生物种群）和共同的控制类型（一个有目的性的人类影响）联合在一起。

我们将用两个例子来说明这类模型的特殊性：一个是三物种生物群落的优化问题（14.1节），另一个是取决于年龄的种群的最优化开发利用（14.2节）。两个问题都以第7章构建的种群动态变化模型为基础。在14.3节将给出根据种群的特殊性质选择模型类型的一些建议。

14.1 生物群落的最优控制

明确控制问题的类型对于物种选育、农业的理性开发、虫害和天敌的防治以及流行病的防治等都十分重要。一些生物种类需要保护和繁殖，而另外一些生物种类却需要抑制它们数量上的增长，这类问题都是生物种类种群规模控制问题。第一类种群包括有用的动物、植物以及会产生有价值产品的物种；第二类种群包括会降低有用物种生产力的物种以及危害经济或人类的物种。尽管这些问题具有相反的特征，但是它们还是有很多的共同之处，所以经常放在一起讨论。控制目标则是对应种群规模的最大化（第一类）和最小化（第二类）。从一个问题到另一个问题的控制影响取决于实践中人类的机遇，接下来考虑如下的一个典型问题。

假设存在一个生物群落，它包含农作物（物种 N_1）、有害昆虫（物种 N_2）和有害昆虫的天敌（物种 N_3）。假设人类能够在该群落中实施控制，手段是引入一个农作物 N_1（食物、肥料、水）的饲养基层（N_0），以及抵御有害昆虫 N_2 的化学和生物方法。控制目标则是农作物收成的最大化（还要考虑所有实际支出）。

物种间交互作用框图（群落的流通链）如图14—1所示。以7.2节为基础，群落动态变化模型可写成：

$$dN_0/dt = u_1 - \gamma_0 N_0 N_1,$$
$$dN_1/dt = N_1(\varepsilon_1 + \gamma_{10} N_1 - \gamma_{12} N_2),$$
$$dN_2/dt = N_2(\varepsilon_2 - u_2 + \gamma_{21} N_1 - \gamma_{23} N_3),$$
$$dN_3/dt = N_3(-\varepsilon_3 + u_3 + \gamma_{32} N_2), \quad (14.1)$$

第 14 章 生态污染的经济控制

其中，ε_1，ε_2，ε_3，γ_0，γ_{10}，γ_{12}，γ_{21}，γ_{23}，γ_{32} 是种群内部给定的连接强度系数，它们的含义类似于 7.2 节中的内容。

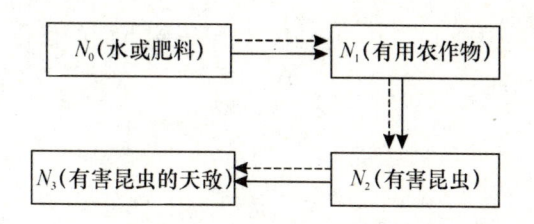

图 14—1　控制种群开发模型中的物种间交互作用框图

分级别控制量 u_i，$i=1$，2，3 未知，分别包括：

- u_1 是饲养基层的输入率（水，肥料）；
- u_2 是杀虫剂的输入率，杀虫剂会提高害虫的死亡率（防治害虫的化学方法）；
- u_3 是害虫天敌数量人为增长的特定速率（防治害虫的生物方法）。

生态系统中控制问题的一个主要特点是要保证系统的稳定性。为此，最优化问题的表达如下：

- 求解未知量 u_1，u_2，u_3（$0 \leqslant u_i \leqslant U_i$，$i=1$，2，3）的值，它们能够保证种群非平凡（正的）均衡状态的存在性和稳定性，并使得最优函数 I 有最大值。

为与控制目标保持一致，最优函数的形式可改写成：

$$I(u_1,u_2,u_3)=k_1 N_1^* - k_0 u_1 - k_2 u_2 N_2^* - k_3 u_3 N_3^* \to \max, \quad (14.2)$$

其中给定的参数包括：全体有价值的农作物的单位成本 k_1，以单位速度插入饲养基层 N_0 的支出 k_0，使用杀虫剂的单位支出 k_2，以及全部天敌的单位成本 k_3。

控制问题（14.1）～（14.2）的分析：

运用 7.2 节中介绍的方法，非平凡均衡状态的形式如下：

$N_0^* = (\gamma_{12} N_2^* - \varepsilon_1)/\gamma_{10}$，

$N_1^* = u_1/\gamma_0 N_1^*$，

$N_2^* = (\varepsilon_3 - u_3)/\gamma_{32}$，

$$N_3^* = (\gamma_{21} N_1^* - \varepsilon_2 - u_2)/\gamma_{32}。 \tag{14.3}$$

用含有 N_i^*，$i=1,2,3$ 的表达式表示未知量 u_i，$i=1,2,3$，然后再将它们从公式（14.3）中去掉，则可得到下面的优化问题：

$$\begin{aligned}I^*(N_0^*,N_1^*,N_2^*,N_3^*) = & kN_1^* - k_0 N_0^* N_1^* - k_2 \gamma_{21} N_1^* N_2^* \\ & + (k_3 \gamma_{32} + k_2 \gamma_{23}) N_2^* N_3^* + k_2 u_2 N_2^* \\ & - k_3 u_3 N_3^* \to \max,\end{aligned} \tag{14.4}$$

它是关于 N_0^*，N_1^*，N_2^*，N_3^* 的函数，N_0^*，N_1^*，N_2^*，N_3^* 的值满足约束条件（14.5）：

$$\begin{aligned}& \gamma_0 N_0^* N_1^* \leqslant U_1, \\ & 0 \leqslant \gamma_{21} N_1^* - \gamma_{23} N_3^* - \varepsilon_2 \leqslant U_2, \\ & \varepsilon_2 \leqslant -\gamma_{32} N_2^* \leqslant U_3 - \varepsilon_3, \\ & N_i^* \geqslant 0, \quad i=0,1,2,3。\end{aligned} \tag{14.5}$$

这样，我们化简了初始优化问题（包含求解常微分方程组（14.1）中的非平凡均衡状态），使其成为一个标准的二次规划问题（14.4）~（14.5），并且 N_i^*，$i=0,1,2,3$ 是四个新的、未知的、分等级的控制变量，使用适当的数值方法能够很容易地求出此类问题的解，并通过求出的解就可以找到最优值 u_i^*，$i=1,2,3$。

需要说明的是，防治害虫的最优策略是：当 $u_3^* > 0$ 时，选用生物学方法；当 $u_2^* > 0$ 时，选用化学方法；当 $u_2^* > 0$ 且 $u_3^* > 0$ 时，选用混合策略。

下面简单介绍一下微生物种群人工养殖系统的控制。这类系统现在变得越来越重要了。它们可以应用于微生物学、医学、药理学、水生物学净化及其他产业。这类控制问题与自然界动植物群落（类似于前面所述问题）的控制问题相比有着自身的特殊性。

微生物群落的人工养殖系统包括一个自然的微生物群落和特殊的技术控制装备。此类系统的基础是种群现状不变条件下的连续运作原理。该原理可以生成一个新的控制类型，该类型能够确保在随机扰动下一个

第 14 章 生态污染的经济控制

稳定状态的运作机制，或者也可以说控制稳态机制的稳定性和坚固性。

上述情况还可以归属于种群控制问题，模型则相应描述种群发展的主要特征，诸如出生和死亡过程，食物资源的影响等。在这类问题中，控制影响可以是饲养基层的结构和输入率问题，以及通过转移一部分微生物而实施的种群密度管制及其他问题。

14.2　种群年龄结构控制

下面将要讨论以 7.3 节的内容为基础的控制问题。如 7.3 节所述，个体的出生和死亡取决于它们的年龄。同样，种群的最优开发也需要考虑其年龄结构。

首先讨论单一物种种群问题，同时引入控制函数 $u(\tau, t)$，它是在时刻 t 处，由人类消耗掉的（从种群中去掉）年龄为 τ 的一部分个体。可控种群动态变化的动态模型为（参见公式（7.16））：

$$\partial x/\partial \tau + \partial x/\partial t = -\left[d(\tau,t) + u(\tau,t) + \int_0^T b(\tau,\xi)x(\xi,t)\mathrm{d}\xi\right]x(\tau,t), \tag{14.6}$$

其中，函数 $x(\tau, t)$，$b(\tau, t)$ 和 $d(\tau, t)$ 均由 7.3 节给出。模型包括种群的年龄结构和物种内竞争。

乍一看，种群最优开发问题可以理解为：求解未知控制函数 $u(\tau, t)$，$\tau \in [0, \tau_{max}]$，$t \in [0, T]$，以使得在某一时间区间 $[0, T]$ 上的个体消费量最大化，即：

$$J(u) = \int_0^T \int_0^{\tau_{max}} u(\tau,t)x(\tau,t)\mathrm{d}\tau \mathrm{d}t \to \max, \tag{14.7}$$

$u(.)$ 的约束条件为：

$$0 \leqslant u(\tau,t) \leqslant 1, \quad \tau \in [0, \tau_{max}], \quad t \in [0, T]. \tag{14.8}$$

然而，对问题（14.6）~（14.8）的分析却显示出在一个足够长的开发区间上（例如 $T > \tau_{max}$），种群的最终状态却降为零：$x(\tau, T) \equiv 0$，

$\tau \in [0, \tau_{\max}]$，也就是，所有的个体都将被消费掉。因此，加入一些附加的稳定性约束条件，会使得关于最优开发问题的描述更有意义。

特别地，自然要假设种群必须能够确保个体的繁殖。回顾 7.3.4 节，这意味着由公式（7.20）所确定的生物潜在性 R 一定不能小于 1。

如果用公式表达一个静态（稳态）开发问题，则应确保即时的种群规模保持不变。假设种内竞争很弱，环境稳定，那么 $b(\tau,t) \approx 0$，并且模型的函数 $x(.)$，$b(.)$ 和 $d(.)$ 仅仅取决于个体年龄 $x \equiv x(\tau)$，$b \equiv b(\tau)$，$d \equiv d(\tau)$。这样，非线性模型就转换成一个线性模型（参见 (7.10) ~ (7.11)）：

$$\mathrm{d}x/\mathrm{d}\tau = -(d(\tau) + u(\tau))x(\tau), \tag{14.9}$$

$$x(0) = \int_0^T m(\tau)x(\tau)\mathrm{d}t \text{。} \tag{14.10}$$

方程（14.9）的解析解形式如下（参见公式（7.13））：

$$x(\tau) = x(0)\exp\left[-\int_0^\tau (d(\xi) + u(\xi))\mathrm{d}\xi\right]\text{。}$$

再用它替换掉方程（14.10）中的最后一项 $x(\tau)$，我们可得下列关于控制量 $u(\tau)$ 的约束条件（14.11）：

$$\int_0^{\tau_{\max}} m(\tau)\exp\left[-\int_0^\tau (d(\xi) + u(\xi))\mathrm{d}\xi\right]\mathrm{d}\tau = 1, \tag{14.11}$$

它来自于上述种群的自我繁殖条件。

公式（14.11）说明了种群的生物潜在性 $R=1$，即种群位于分歧点（参见 7.3.4 节）。在这种情况下，环境的一个随机扰动或者开发条件的一个可被忽略的波动都会导致 $R<1$。那么，以 7.3.4 节的观点来看，种群的非平凡均衡状态就变得不稳定了。而与此同时，平凡状态变得稳定了。换句话说，种群内部可能出现了一个不可逆的死亡过程。

可见，现实世界中生物种群的最优开发需要特殊的控制模型和工具，因为不仅要考虑反馈性，还要确保种群抵御随机扰动的稳定性。

种群年龄结构的应用控制问题可以通过更加简单的模型来描述。例如考察捕渔业的控制问题，可以把鱼群分成两个年龄组，幼年组（未成年）和成年组，那么对应的模型则是描述补充种群（引入幼鱼）和去除成鱼的过程。模型的控制参数则是渔网的孔眼大小。目标即为单位面积或体积内生物种群数量的最大化。从另外一个应用角度看，个体年龄本身也能够成为一个目标，例如，对于消灭某些昆虫的问题来说，研究其个体发展的特定时期也是很有意义的。

14.3　关于模型选择

生物群落自然过程的特征可由复杂的非线性关系、非稳定性、随机本质、振荡机制、分歧和阈值效果等来反映。反过来这些特征也出现在过程模型的选择中。

第1章简单地考察了多种应用数学模型，并给出了如何选择模型的一些建议。本节将从生物群落的控制角度重新考察这一问题。下面从更基本的角度出发补充第1章提到的模型分类问题。

为了与研究目标保持一致，有时将建模方法分成两类：解析型和模仿型（模拟型）。

解析模型。从研究的整体来看，解析型建模方法说明了系统的定性行为，并且关注系统发展的一般规律。解析模型不会受到众多次要细节的影响，只考虑影响系统的关键因素。而种群模型要研究很多物种间的交互作用，简化了其他方面。解析方法为模拟方法提供了理论基础。

模仿模型（模拟）。在给定的固定条件下，模仿型（模拟）建模方法用于现实系统的分析，并且依赖于实验数据。相应的模型则要考察系统所有可能的交互作用和已知的全部细节。模拟型建模方法采用的是系统发展及其不同阶段策略的一个对话分析（关于"若……则……"的研究）。研究基础是数值算法和计算机应用。

离散型模型和连续型模型。根据描述过程的方法和所用数据的差别可以对它们加以划分。然而，所研究系统的特点却经常决定着模型类型

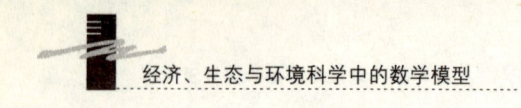

的选择。

从生态学角度来看，离散型模型对应的是非重叠代际的生态种群。在非重叠代际中，出生过程依附于个体的一个特定年龄或是一个发展阶段。常用差分方程来描述此类种群的动态变化。

连续型模型常用于受个体各年龄段的影响的种群动力学，而且种群规模相当大。描述的方法是微分或积分方程。如果外生条件、可用资源以及其他参数不会立即影响到种群，而仅仅是经过一段时期后才影响种群，那么，可使用时滞（延迟）模型。

根据模型维数可以将模型分为有限维数控制问题（即，根据一定的特征计算个体的有限数目）和无限维数控制问题（即种群规模用参数的一个连续集合）。如果有的参数是离散的（即个体年龄），而其他的参数是连续的（即时间），则常常使用混合模型。

从随机因素的角度出发，模型可分为确定型和随机型。确定型模型虽不能完全地反映实际过程，但由于数学上的简洁性使它们在实践领域中仍然得到了广泛运用。如果一个种群规模足够大，则适合用确定型模型描述。但生态问题的范围很广，比如对于保护与基因有关的稀有物种问题，则需要使用随机型模型。为了达到相同的目的，确定型模型和随机型模型可以运用它们各自的方法，取得相同的实践结果。如果一个确定型模型无法确定某些物种中的一个均衡状态，或者是无法预测一个非稳态均衡状态，那么相应的随机型模型将会预测出一个物种消亡的正概率。

对于一个特定的应用问题，不可能提前明确哪一种数学模型是最合适的。首先是选择答案并不唯一；其次模型的选择取决于特定的条件、已知的数据、实验和观测结果。

14.4　经济—生态建模展望

前面已经讨论过了不同的经济—生态问题的各种数学模型。但在本书的结尾，作者更愿意就经济—生态交互作用数学建模的展望作一个简短的总结。结果并不是十分乐观。

能够反映系统功能所有实质性特征的一个大型生态系统的恰当的数学理论是不存在的，而且几乎是不可能得到的。尽管数学工具仍在不断地发展，可大量生态过程的出现却超出了它们建模的可能性。在很多情况下，获得生态系统结构和功能的必要信息的困难是造成上述问题的主要障碍，那么接下来，要获得一个令人满意的生态圈总体动态变化的描述也将是十分困难的。

从建模目标极度复杂性的角度讲，对于很多特定的生态问题，还没有出现一个即恰当又适于实践应用的模型，比如最近几十年开展的全球性气候模型的研究。这一类研究得到了一系列既复杂又完美的模型。特别地，这些模型详细解释了影响地球气候的多个经济要素（碳酸浓度，大气污染，核灾难等）。然而，却没有一个已知的气候模型能够做出一次为期 10～15 年的可靠的天气预测，并且该预测还能够在不同的地区，体现出季节性的不同差异（比如一次干旱或是一个严冬）。

以不同种类的模型的综合为基础，可以期待获得经济—生态建模中的一个进步。若提高人类改造大自然的可能性，则需要设计一个范围宽泛的模型以用于预测相当长远的情况。

一个理想的目标是建立令人满意的模型系统标准，以使得这些模型能够反映经济—生态交互作用的层次结构——从由子系统模型构成的全球性模型到自然与人工环境的基本单位模型（通过微观描述来进行宏观描述）。然而还应该认识到，实际上，要达到这个目标还需要新的数学、计算机与信息方法，而且只有在遥远的将来才可能实现（如果实现，也只能是理论上的实现）。

目前，为解决实践中的具体问题，人们已经能够构建特定的经济—生态模型。不过总的来说，对于不同的生态问题，数学模型发展的水平差异还是很大的。而且，大型综合的经济—生态系统的建模（如区域性系统的综合建模问题）尤为重要，因为最概略的模块能够评价预测准确性和控制质量的整体程度。

参考文献

Adler F. R. *Modeling the Dynamics of Life: Calculus and Probability for the Life Scientists*, Brooks/Cole Publishing Company, Pacific Grove/Bonn Boston, 1998.

Aistrakhanov, D., Ishchuk, V., and Yatsenko, Yu. The Turnpike Approach to Modeling Renewal Rates for Engineering Systems, *Engineering Simulation*, Gordon and Breach Sci. Publishers, **10** (1993), No. 6, 941-954.

Antonelli, P., Ingarden R. and Matsumoto M. *The Theory of Sprays and Finsler Spaces with Applications in Physics and Biology*, Kluwer Academic Publishers, Dordrecht, 1993.

Ashmanov, S. *Introduction to Mathematical Economics*, Nauka Press, Moscow, 1984 (in Russian).

Baker, C. T. H. *The Numerical Treatment of Integral Equations*, Clarendon Press, Oxford, 1977.

参考文献

Barnett, S. *Introduction to Mathematical Control Theory*, Oxford University Press, New York, 1975.

Basnalkhanov, I. *Application of Mathematical Models for Analysis of Ecological-Economic Systems*, Nauka Press, Novosibirsk, 1988 (in Russian).

Bergh, J. C. J. M. van den, *Ecological Economics and Sustainable Development: Theory, Methods and Applications*, Edward Elgar, Cheltenham, England, 1996.

Bergh, J. C. J. M. van den, and Nijkamp, P. Dynamic Macro Modelling for Sustainable Development: Economic-Environmental Integration and Materials Balance, *Revue europeenne des sciences sociales*, **XXXI** (1993), No. 96, 241−270.

Bergh, J. C. J. M. van den, and Straaten, J. van der (ed.). *Economy and Ecosystems in Change: Analytical and Historical Approaches*, Edward Elgar, Cheltenham, England, 1997.

Block, H. W., Borges, W. S., and Savits, T. H. A General Age Replacement Model with Minimal Repair, *Nav. Res. Logist.*, **35** (1988), 365−372.

Boulding, K. E. *Ecodynamics: A New Theory of Societal Evolution*, Sage Publications, Beverly Hills, 1978.

Braat, L. C. and van Lierop, W. F. J. *Economic-Ecological Modelling*, North-Holland, 1977.

Brems, H. *Quantitative Economics Theory: A Synthetic Approach*, Wiley, New York, 1967.

Brogan, W. L. *Modern Control Theory*, Quantum, New York, 1974.

Brown, M. *On the Theory and Measurement of Technological Change*, University Press, Cambridge, 1967.

Bruckner, E., Ebeling, W., Jimenez Montano, M. A. et al.,

Technological Innovations - A Self-Organisation Approach, WSB-Paper FS II 93-302, Berlin Science Center for Social Science Research, Berlin, 1993.

Brunner, H. and Houwen, P. J. van der, *The Numerical Solution of Volterra Equation*, North-Holland, Amsterdam, 1986.

Brunner, H. and Yatsenko, Yu. Spline Collocation Methods for Nonlinear Volterra Integral Equations with Unknown Delay, *Journal of Computational and Applied Mathematics*, NH Elsevier, **71** (1996), 67-81.

Burton, T. A. *Volterra Integral and Differential Equations*, Academic Press, Orlando, Florida, 1983.

Chikrii, A. Guarantee Result in Differential Games with Terminal Payoff, in *Annals of the International Society of Dynamic Games*. New Trends in Dynamic Games and Applications, Birkhauser, **3**(1995), 259-269.

Cooke, K. and Kaplan, J. A Periodicity Threshold Theorem for Epidemics and Population Growth, *Math. Biosci.*, **31**(1976), 87-104.

Costanza, R. (ed.) *Ecological Economics: The Science and Management of Sustainability*, Columbia University Press, New York, 1991.

Costanza, R., Cumberland, J., Daly, H., Goodland R. and Norgaard, R. *An Introduction to Ecological Economics*, Island Press, Washington D.C., 1997.

David, P. *Technical Choice, Innovation and Economic Growth*, Cambridge University Press, Cambridge, 1975.

Davies, S. *The Diffusion of Process Innovations*, Cambridge University Press, Cambridge, Cambridge, 1979.

Dorfman, R., Samuelson, P. A., and Solow, R. *Linear Programming and Economic Analysis*, McGraw-Hill, 1958.

Dosi, G. *Technical Change and Industrial Transformation*, Macmillan, London, 1984.

El'sgol'ts, L. *Introduction into the Theory of Differential Equations with Deviating Arguments*, Holden-Day, 1966.

Englmann, F. C. Innovation Diffusion, Employment and Wage Policy, *Journal of Evolutionary Economics*, **2**(1992), 179-193.

Eykhoff, P. *System Identification*, Wiley, New York, 1974.

Feistel, R. and Ebeling, W. *Evolution of Complex System*, Kluwer Academic Publishers, Dordrecht, 1989.

Fisher, J. C. and Pry, R. H. A Simple Substitution Model of Technological Change, *Technological Forecasting and Social Change*, **3**(1971), 75-88.

Forrester, G. *World Dymanics*, New York, 1972.

Frederick, D. K. and Close, C. M. *Modelling and Analysis of Dynamic Systems*, Houghton Mifflin, Boston, 1978.

Gabasov, R. and Kirillova F. *The Qualitative Theory of Optimal Processes*, Moscow, Nauka Press, 1971 (in Russian).

Galperin, E. *The Cubic Algorithm for Optimization and Control*, Presses de l'Universite du Quebec a Montreal, Montreal, 1990.

Geffers, G. *Introduction into System Analysis: Application in Ecology*, Mir Press, Moscow, 1981 (in Russian).

Glushkov, V. On a Class of Dynamical Macroeconomic Models, *Upravlyayushchie sistemy i mashiny* (*Control Systems and Machines*), Kiev, 1977, No. 2, 3-6 (in Russian).

Glushkov, V., Ivanov, V., and Yatsenko, Yu. Analytical Investigation of One Class of Dynamical Models, *Cybernetics*, Plenum Publish. Corp., New York, **16**(1980), No. 2, 164-177; **18**(1982), No. 3, 390-401.

Golovach, I. and Yatsenko, Yu. Mathematical Modeling of the

Process of Replacement and Modernization of the Elements of Manufacturing Systems, *J. Automat. Inform. Sci.*, Scripta Technica Inc., New York, **25** (1992), No. 5, 78−81.

Gorelov, A. *Ecology-Science-Modelling*, Nauka Press, Moscow, 1985 (in Russian).

Gripenberg, G., Londen, S.-O., and Staffans, O. J. *Volterra Integral and Functional Equations*, University Press, Cambridge, 1990.

Gurtin, E. and Maccamy, R. G. Non-Linear Age-Dependent Population Dynamics, *Arch. Rat. Mech. Anal.*, **54** (1974), 281−300.

Hale, J. K. *Theory of Functional Differential Equation*, Springer Verlag, New York, 1977.

Hofbauer, J. and Sigmund, K. *The Theory of Evolution and Dynamical Systems*, Cambridge University Press, Cambridge, 1988.

Hritonenko, N. and Yatsenko, Yu. Integral-Functional Equations for Optimal Renovation Problems, *Optimization*, Gordon and Breach Science Publishers S. A., **36** (1996), 249−261.

Hritonenko, N. and Yatsenko, Yu. *Modeling and Optimization of the Lifetime of Technologies*, Kluwer Academic Publishers, Dordrecht/Boston/London, 1996.

Hritonenko, N. and Yatsenko, Yu. Optimization of the Lifetime and Cost of Equipment Under Technological Progress, *J. Automat. Inform. Sci.*, Scripta Technica Inc., New York, **28** (1995), No. 2, 117−128.

Israel, Yu. *Ecology and Control of Environment State*, Gidrometeoizdat Press, Moscow, 1984 (in Russian).

Ivanilov, Yu. and Lotov, A. *Mathematical Models in Economics*, Nauka Press, Moscow, 1984 (in Russian).

Ivanov, V., Yanenko, V., and Yatsenko, Yu. Qualitative Study of a Class of Integral Dynamical Models, *Cybernetics*, Plenum Publish. Corp., New York, **19** (1983), No. 3.

Ivanov, V. and Yatsenko, Yu. The Problems of Optimal Control for the Integral Dynamical Models with Controllable Prehistory, *Lecture Notes in Control and Information Sciences*, Springer-Verlag, Berlin, **84** (1986), 350-357.

Ivanov, V., Yatsenko, Yu., and Galiev, U. Comparison of Some Integral Macroeconomic Models, *Soviet Automatic Control*, New York, **18** (1985), No. 4.

Johansen, L. *Production Functions*, Amsterdam, London, 1972.

Jorgenson, D. W. Capital Theory and Investment Behavior, *Amer. Econ. Rev. (Papers and Proceedings)*, **53** (1963), 247-259.

Kailath, T. *Linear Systems*, Prentice-Hall, Englewood Cliffs, N. J., 1980.

Kantorovich, L. and Gorkov, L. On Some Functional Equations Arising in Analysis of Single-Commodity Economic Model, *Dokl. Akad. Nauk SSSR*, **129** (1959), 732-736 (in Russian).

Kantorovich, L. and Zhiyanov, V. Single-Commodity Dynamic Model of the Economy Allowing for Changes in Asset Structure in the Presence of Technical Progress, *Dokl. Akad. Nauk SSSR*, **211** (1973), 1280-1283 (in Russian).

Karlin, S. *A First Course in Stochastic Processes*, Academic Press, London, New York, 1968.

Kolmogorov A. Qualitative Study of Mathematical Models of Population Dynamics, *Problemy Kibernetiki (Problems of Cybernetics)*, Nauka Press, Moscow, 1972, 3-22 (in Russian).

Kolmogorov, A. and Fomin, S. *The Elements of Function Theory and Functional Analysis*, Nauka Press, Moscow, 1976 (in Russian).

Krasnoshchekov, P. and Petrov, A., *Principles of the Construction of Models*, Moscow University Press, Moscow, 1983 (in Russian).

Krass, I. *Mathematical Models of Economic Dynamics*, Sovetskoe Radio Press, Moscow, 1976 (in Russian).

Lancaster, K. *Mathematical Economics*, Macmillan Comp., New York, 1968.

Lee, E. B. and Markus, L. *Foundations of Optimal Control Theory*, Wiley, New York, 1967.

Legget, R. and Williams, L. Nonzero Solutions of Nonlinear Integral Equations Modeling Infections Diseases, *SIAM J. Math. Anal.*, **33** (1983), No. 1, 112−121.

Lenhart, S. and Liao, Y. C., Integro-Differential Equations Associated with Optimal Stopping Time of a Piecewice Deterministic Process, *Stohastics*, **15** (1985), 183−207.

Leontief, W. *Input-Output Economics*, Oxford University Press, New York, 2nd edition, 1986.

Lions, J. L. *Sur Quelques Questions D'analyse, de Mecanique et de Controle Optimal*, Presses de l'Universite du Quebec a Montreal, Montreal, 1976.

Ljung, L. *System Identification: Theory for the User*, Prentice-Hall, Englewood Cliffs, N. J., 1987.

MacFarlane, A. G. J. *Dynamical System Models*, Harrap, London, 1970.

Makarov, V., Levin, M., and Rubinov, A. *Mathematical Economic Theory: Pure and Mixed Types of Economic Mechanisms*, North-Holland, 1995 (Advanced Textbooks in Economics, vol. 33).

Malcomson, J. M. Replacement and the Rental Value of Capital Equipment Subject to Obsolescence, *Journal of Economic Theory*, **10** (1975), 24−41.

Mathematical Models for Control of Water Contamination, Mir Press, Moscow, 1981 (in Russian).

Mathematical Models of Macroeconomic Processes, Leningrad University Press, Leningrad, 1980 (in Russian).

McKenzie, L. M. Turnpike Theory, *Econometrica*, **44** (1973), No. 5, 841–866.

Meadows, D. L. et al. *Limits to Growth In A Finite World*, Cambridge, Massachusetts, 1974.

Mesarovic, M., Macko, D., and Takahara, Y. *Theory of Hierarchical Multilevel Systems*, Academic Press, New York, 1970.

Mesarovic, M. and Pestel, E. *Mankind At the Turning Point*, New York, 1974.

Methods of Mathematical Biology. Part 3, Vyshcha Shkola Press, Kiev, 1981 (in Russian).

Mikhalevich, V., Volkovich, V., and Yatsenko, Yu. Multicriterial Analysis of Industry Conversion Rates Using Integral Models, *Cybernetics and System Analysis*, Plenum Publish. Corp., New York, **29** (1993), No. 1, 26–34.

Moran, P. A. P. *The Statistical Processes of Evolutionary Theory*, Oxford University Press (Clarendon), London, New York, 1962.

Morishima, M. *Theory of Economic Growth*, Calendon Press, 1969.

Nijkamp, P. *Theory and Application of Environmental Economics*, Elsevier, Amsterdam, 1980.

Petrosyan, L. and Zakharov, V. *Introduction to Mathematical Ecology*, Leningrad University Press, Leningrad, 1986 (in Russian).

Poluektov, R., Pykh, Yu., and Shvytov, I. *Dynamic Models of Ecological Systems*, Gidrometeoizdat, Leningrad, 1980 (in Russian).

Pontriagin, L., Boltianskii, V., Gamkrelidze, R., and Mischenko, E. *The Mathematical Theory of Optimal Processes*, Wiley, New York, 1962.

Preinreich, G. A. D. The Economic Life of Industrial Equipment,

Econometrica, **8** (1940), 12-44.

Petrosyan, L. and Zakharov, V. *Introduction to Mathematical Ecology*, Leningrad University Press, Leningrad, 1986 (in Russian).

Petrov, A. and Pospelov, I. System Analysis of Developing Economics, *Izvestiya Akademii Nauk SSSR. Kibernetika*, 1979, No. 2, 18-23; No. 3, 28-38; No. 4, 11-23; No. 5, 13-24 (in Russian).

Poluektov, R., Pykh, Yu. and Shvytov, I. *Dynamical Models of Ecological Systems*, Gidrometeoizdat Press, Leningrad, 1980 (in Russian).

Primak, A., Kafarov, V. and Kachiashvili, K. *System Analysis of Control of Water Quality*, Naukova Dumka Press, Kiev, 1991 (in Russian).

Raafat, F. Survey of Literature on Continuously Deteriorating Inventory Models, *J. Oper. Res. Soc.*, **42** (1991), No. 1, 27-37.

Radner, R. Paths of Economic Growth that are Optimal with regard only to Final States: A Turnpike Theorem, *Review of Economic Studies*, **38** (1961), No. 76, 1185-1196.

Rorres, C. Stability of an Age Specific Population with Density Dependent Fertility, *Theor. Pop. Biol.*, **10** (1976), 26-46.

Semevski, F. and Semenov, S. *Mathematical Modelling of Ecological Processes*, Gidrometeoizdat Press, Leningrad, 1982 (in Russian).

Sharpe, F. R. and Lotka, A. J. A Problem in Age-Distribution, *Philosophical Mag.*, **21** (1911), 435-438.

Shell, K. Optimal programs of capital accumulation for an economy in which there is exogenous change, in *Essays on the Theory of Optimal Economic Growth*, MIT Press, New York-London, 1967, 1-30.

Sheu, S-H. A Generalized Block Replacement Policy with Minimal Repair and General Random Repair Costs for a Multi-Unit System, *J. Oper. Res. Soc.*, **42** (1991), No. 4, 331-341.

Silverberg, G. Technical Progress, Capital Accumulation and Effective Demand: A Self-Organizing Model, in *Economic Evolution and Structural Adjustment*, Springer Verlag, Berlin, Heidelberg, New York, Tokyo, 1987.

Silverberg, G., Dosi, G., and Orsenigo, L. Innovation, Diversity and Diffusion: A Self-Organizing Model, *The Economic Journal*, **98** (1988), 1032–1054.

Silverberg, G. and Lehnert, D. Long Waves and Evolutionary Chaos in a Simple Schumpeterian Model of Embodied Technical Progress, *Structural Change and Economic Dynamics*, **4** (1993), No. 1, 9–37.

Smith, V. *Investment and Production: A Study in the Theory of the Capital-Using Enterprise*, Harvard University Press, Cambridge, Massachusetts, 1961.

Soderstrom, T. and Stoica, P. *System Identification*, Prentice-Hal Englewood Cliffs, N. J., 1987.

Solow, R. Investment and Technical Progress, in *Mathematical Methods in the Social Science*, Stanford Univ. Press, 1960, 89–104.

Solow, R. Technical Change and the Aggregate Production Function, *Rev. of Economics and Statistics*, **XXXIX** (1957), 312–330.

Stoneman, P. *The Economic Analysis of Technological Change*, Oxford University Press, Oxford, 1983.

Streifer, W. Realistic Models in Population Ecology, *Advances in Ecological Research*, **8** (1974), 200–266.

Swick, K. E. A Nonlinear Age-dependent Model of Single Species Population Dynamics, *SIAM Journal Appl. Math*, **32** (1977), No. 2, 484–498.

System Analysis and Methods of Mathematical Modelling in Ecology, Cybernetics Institute of Ukrainian Acad. Sci., Kiev, 1990 (in Russian).

Sytnik, K., Braton, A. and Gordetski, A. *Biosphere. Ecology. Nature Protection*, Nankova Dumka Press, Kiev, 1987 (in Russian).

Tijms, H. C. *Stochastic Modelling and Analysis*, Wiley, New York, 1986.

Tikhomirov, N. *Social-Economic Problems of Nature Protection*, Ecology Press, Moscow, 1992 (in Russian).

Tinbergen, J. and Bos, H. C. *Mathematical Models of Economic Growth*, McGraw-Hill Book Company, New York, London, 1962.

Volterra, V. *Lecons sur la Theorie Mathematique de la Lutte Pour la Vie*, Gauthier-Villars, Paris, 1931.

Volterra, V. *Theory of Functionals and of Integral and Integro-Differential Equations*, Dover, Blackie London, 1930.

Watt, K. *Ecology and Control of Nature Resources*, Mir Press, Moscow, 1971 (in Russian).

Webb, G. F. *Theory of Nonlinear Age-Dependent Population Dynamics*, Dekker, New York, Basel, 1985.

Yatsenko, Yu. Application of Integral Dynamical Models in Mathematical Economics, *Visnyk AN USSR*, Kiev, 1986, No. 9, 25–30 (in Ukrainian).

Yatsenko, Yu. *Integral Models of Systems with Controllable Memory*, Naukova Dumka Press, Kiev, 1991 (in Russian).

Yatsenko, Yu. Integral Volterra Equations with Variable-Duration After-Effect, *Soviet J. Automat. Inform. Sci.*, Scripta Technica Inc., New York, **24** (1991), No. 4, 25–31.

Yatsenko, Yu. On Systems of Nonlinear Volterra Integral Equations with Unknown Lower Limit of Integration, *Ukrainian Mathematical Journal*, New York, Plenum Publish. Corp., **38** (1986), No. 1, 35–42.

Yatsenko, Yu. Simulation of Certain Oscillatory Biological Processes, *Cybernetics*, New York, Plenum Publish. Corp., **14** (1978), No. 5, 529-535.

Yatsenko, Yu. Volterra Integral Equations with Unknown Delay Time, *Methods and Application of Analysis*, International Press, **3** (1996), 33-46.

Yatsenko, Yu. and Hritonenko, N. *Integral Models of Developing Systems: Some Theoretical and Numerical Aspects*, Preprint 94-1 of the Cybernetics Institute of Ukrainian Acad. Sci., Kiev, 1994.

Yatsenko, Yu. and Hritonenko, N. Optimization in Integral Model of Developing Systems, *Optimization*, Gordon and Breach Science Publishers S. A., 31 (1994), 179-192.

Young, L. C. *Lectures on the Calculus of Variation and Optimal Control Theory*, Saunders, Philadelphia, Pa., 1969.

术语对照

A

Acceptable level of resource extraction,资源开采的可接受水平

Accumulation product,总产量

Accumulation norm,投资率

   -in integral models,积分模型

   -in multi-sector models,多部门模型

Adsorption isotherm,吸附等线

Adsorption model,吸附模型

Advection,水平对流

Aeration zone,通分地带

Aerosol,气溶胶

Aftereffect,滞后

   -in biological community,生物群落

Aftereffect duration，滞后持续期

Age structure of biological community，生物群落的年龄结构

Age-dependent models of population dynamics，取决于年龄的种群动态学

  -differential，微分

    -linear，线性

    -nonlinear，非线性

  -integral，积分模型

    -linear，线性

    -nonlinear，非线性

Age-specific fertility rate，特定年龄的出生率

Aggregate models of economic dynamics，经济动态学综合模型

  model with endogenous TC，内生型技术进步模型

  model with renewable labor，可更新劳动力资源模型

  Moiseev model，Moiseev 模型

  Ramsey model，Ramsey 模型

  Solow model，Solow 模型

    -with autonomous TC，自主型技术进步

  Solow-Shell model，Solow-Shell 模型

Aggregate Models of Environment Control，环境控制综合模型

  Solow model with environment sector，带有环境部门的 Solow 模型

  model of "full refinement"，"完全净化"模型

  model with total environmental indicator，环境总指标模型

Amensalism，偏害共栖

Areal，域

Artificial cultivation systems，域人工养殖系统

Assets wear，资产折旧

Atmosphere contaminators，大气污染

B

Balance for environment contamination, 环境污染平衡

Balanced trajectory, 平衡路径

Basic atmosphere processes, 基本大气过程

Basic hydrophysical processes, 基本水文物理过程

Bifurcation analysis, 分歧分析

Bifurcation value, 分歧值

Biocoenosis, 生物群落

Biogeocoenosis, 生物地理群落

Biological potential of population, 种群生物潜在性

Biological community, 生物群落

Biosphere, 生物群

Birth-rate intensity, 出生密度

Birth-rate coefficient, 出生率系数

Boundary conditions, 边界条件

C

Capital, 资本

Capital labor ratio, 资本劳动比率

Capital stock, 资本存量

Climate modelling, 气候模型

CO concentration distribution, 一氧化碳浓度分布

Coefficient of equilibrium distribution, 均衡分布系数

Coefficient of population intrinsic growth, 种群固有的增长率

Commensalism, 共栖

Competition, 竞争

  -of two species, 两物种

  -intra-species, 种内

Conjugate equation method，共轭方程方法

Conjugate problem，共轭问题

Consumption goods，消费品

Contamination，污染

Control，控制

 -of plant allocation，工厂安置

 -plant pollution intensity，工厂污染强度

 -of water contamination propagation，水污染传播

 -of population size，种群规模

 -of population age structure，种群年龄结构

Control problems，控制问题

 -finite-dimensional，有限维数

 -infinite-dimensional，无限维数

Control theory，控制理论

D

"Dark age"，黑暗时代

Death rate，死亡率

 -age-specific，特定年龄的

Death-rate coefficient，死亡率系数

Delay differential equation，时滞微分方程

Density of equipment distribution，设备分布密度

Density of population age distribution，种群年龄分布密度

Decision-making process，决策过程

Delta-function，δ 函数

Deterministic models，确定型模型

Differential game，微分博弈

Diffusion，弥散

Diffusion coefficients，弥散系数

-horizontal，水平

　　-vertical，垂直

　　-of preys and predators，捕食者—猎物

Diffusion equation，弥散方程

　　-of individuals migration，个体迁移

　　-of pollution propagation，污染传播

　　-propagation of technological innovations，技术革新传播

Discounting factor，折旧因子

Discounting multiplier，折旧乘数

Dispersion system，扩散系统

Dispersibility，可分散性

Divergence of velocity，速度散度

Dynamical process，动力过程

Dynamic process，动态过程

Dynamic system，动态系统

Dynamical models，动力学模型

　　-differential，微分

　　-integral，积分

　　　-explicit，显性

　　　-implicit，隐性

　　　-with variable memory，带有可变记忆的

Dynamical system (DS)，动力系统

　　-multidimensional，多维

　　-multivariable，多变量

　　-nonlinear，非线性

　　-stationary，静态

　　-with finite memory，带有有限记忆的

　　-with infinite memory，带有无限记忆的

　　-with variable memory，带有可变记忆的

E

Ecological catastrophe，生态灾难
　-global，全球性
　-regional，区域性
Ecological system (ecosystem)，生态系统
Ecological impact，生态影响
　-negative，负面的
　　-potential，潜在的
　　-real，实际的
　-positive，正面的
Ecological strategies，生态战略
Ecology，生态学
Economic-ecological system (EES)，经济生态系统
Economic-environmental models，经济环境模型
　-aggregate，综合的
　-with embodied TC，带有物化型技术进步的
Economic impact on environment，对环境的经济影响
　-negative，负面的
　-positive，正面的
Effect of the end of planed interval，预设区间的端点效应
Elasticity of resources substitution，资源替代弹性
Environment，环境
Environmental monitoring，环境监测
Environmental capacity，环境容量
Equation of continuity，连续方程
Equation of dissolved ingredient transport，溶解成分的迁移方程
　-in chamber model，室模型
　-one-dimensional，一维

-three-dimensional，三维

　　-two-dimensional，二维

Equation of ground deposit contamination，土壤沉积污染方程

Equation of ingredient transport in suspense，浮游成分迁移方程

　　-in chamber model，室模型

　　-three-dimensional，三维

　　-two-dimensional，二维

Equations of surface water dynamics，表面水动力学方程

　　-three-dimensional，三维

　　-two-dimensional，二维

Equation of suspended particles transport，浮游颗粒迁移方程

　　-in chamber model，室模型

　　-three-dimensional，三维

　　-two-dimensional，二维

Equations of shallow water theory，浅水定理方程

Equilibrium state，均衡状态

Equipment unit (EU)，设备单元

EU cost，设备单元成本

EU productivity，设备单元生产率

EU specific labor expenditure，设备单元的特定劳动力投入

EU specific expenditures，设备单元的特定投入

Evolutionary equation，演化方程

　　-nonlinear，非线性

　　-of equipment replacement，设备更新

　　-of population age structure，种群年龄结构

Expenditure minimization，投入最小化

　　-in integral model，积分模型

Exploitation of biological communities，生物群落开发

　　-stationary，静态

Extraction of natural resources，自然资源的开采

F

Feedback，反馈
　-in world dynamics，世界动力学
Fertility equation，出生方程
Fertility rate，出生率
　-total，总的
　-age-specific，特定年龄的
Finite-dimensional optimization，有限维优化
Finite-horizon optimization，有限水平优化
Fisher-Pry substitution model，Fisher-Pry 替代模型
Fixed assets，固定资产
Forrester method of system dynamics，Forrester 系统动力学方法
Fredholm integral equation，Fredholm 积分方程
　-of the first kind，第一类
　-of the second kind，第二类

G

Gauss distribution，Gauss 分布
Global ecological problems，全球性生态问题
Global models，全球性模型
"Golden age"，黄金时代
Golden rule of economic growth，黄金增长定律

H

Habitat，生境
Hereditary function，遗传函数
Hessian matrix，海塞矩阵

Hierarchical control system，等级控制系统
　　two-level system "Center"-"Plants"，"中央"—"工厂"双层系统
Hierarchical strata，分层
Historical technological labor/output coefficient，前期劳动力产出系数
Homogeneous function，齐次函数

I

Increase rate，增长率
　　-of a function，函数
　　-of a production process，生产过程
　　-of a Neumann model，Neumann 模型
Indicator of total environmental quality，环境质量总指标
Infinite-horizon optimization，无限水平优化
Ingredient source，成分源
　　-instantaneous，瞬时
　　-point，点
　　-with constant intensity，固定强度
Initial conditions，初始条件
Innovation，革新
　　-in aggregate models，总模型
　　-in integral models，积分模型
Input signal of DS，动力系统的输入信号
Input-output models，投入—产出模型
Integral model (IM)，积分模型
　　-with controllable memory，带有可控记忆的
　　Boltzman model，Boltzman 模型
Integro-differential equation，积分微分方程
Intensity function，强度函数

Inter-branch balance models，交叉部分平衡模型

Inventory，存储量

Investments，投资

Isoquantum，等产量线

L

Labor resource，劳动力

Leontief linear model，Leontief 线性模型

  -closed，闭的

  -open，开的

  -dynamical balance，动态平衡

Lifetime of equipment，设备生存期

Limit cycle，极限圈

Limit norm of substitution，边际技术替代率

Limit productivity，边际产量

Limiting permissible concentrations（LPC），限制性许可浓度

Limiting permissible emissions（LPE），限制性许可释放量

Linear models of economic dynamics，经济动态学

Linear programming，线性规划

Linearly homogeneous function，齐次线性函数

Logistic curve，Logistic 曲线

Logistic equation，Logistic 方程

Lotka-Volterra model，Lotka-Volterra 模型

  -of population dynamics，种群动力学

  -of innovation process，革新过程

Lotka-Von Forrester model，Lotka-Von Forrester 模型

Lumped（point）delay，集中（点）时滞

M

Market economics，市场经济学

Mathematical problem，数学问题

Mathematical programming problem，数学规划问题

Mathematical model，数学模型

    -deterministic，确定型

    -stochastic，随机型

    -continuous，连续型

    -discrete，离散型

    -linear，线性

    -nonlinear，非线性

    -integral，积分

    -differential，微分

Matrix，矩阵

    -of direct expenditure coefficients，直接消耗系数

    -of total expenditures，总消耗

Medium resistivity for population increase，人口增长上限

Memory of DS，动力系统的记忆

Minimum possible renovation，最低可行更新

Model of ingredient transport，成分迁移模型

Models of innovation process，革新过程模型

    -diffusion，扩散

    -evolutionary，演化

    -substitution，替代

Models of resource extraction，资源开采模型

    -stochastic，随机型

Models of single species population，单物种种群模型

    Malthus model，Malthus 模型

    Verhulst-Pearl model，Verhulst-Pearl 模型

    Volterra model with hereditary effects，带有遗传效应的 Volterra 模型

Models of water pollution propagation，水污染传播模型

-three-dimensional，三维

-two-dimensional plane，二维平面

-two-dimensional vertical，二维垂直

-one-dimensional，一维

-one-dimensional vertical，一维垂直

-zero-dimensional models，零维模型

-chamber，室

-models of full intermixing，充分混合模型

-analytical models，解析模型

Models of world dynamics，世界动力学模型

 Forrester model，Forrester 模型

 Meadows model，Meadows 模型

 Mesarovic-Pestel model，Mesarovic-Pestel 模型

 Leontief-Ford model，Leontief-Ford 模型

Models with embodied TC，物化型技术进步模型

 Glushkov two-sector model，Glushkov 两部门模型

 Johansen models，Johansen 模型

 Kantorovich model，Kantorovich 模型

 multi-sector model，多部门模型

 Silverberg model，Silverberg 模型

 Solow integral model，Solow 积分模型

Multi-extremal OP，多极值优化问题

Multi-level OP，多层优化问题

N

Natural assimilation function，自然同化函数

Natural environment，自然环境

Natural growth function，自然增长函数

Neumann face，Neumann 平面

Neumann model，Neumann 模型

Neumann ray，Neumann 射线

Neumann-Gale model，Neumann-Gale 模型

Noosphere，智能圈

Non-pressured water layers，无压水层

Non-saturated soil，非饱和土壤

Numerical-analytical technique，数值分析方法

O

Optimal control problems，最优控制问题

Optimal strategies，优化策略

  -of "Center"，中央的

  -of "Plant"，工厂的

Optimization problem (OP)，优化问题

  -in integral models，积分模型

  -of resource extraction，资源开采

  -for air pollution intensity，大气污染强度

Ordinary differential equations (ODEs)，常微分方程

Output elasticity，产出弹性

  -total，总

Output maximization，产出最大化

  -in aggregate model，综合模型

  -in one-sector integral model，单部门积分模型

  -in two-sector integral model，两部门积分模型

Output signal of DS，动力系统的输出信号

P

Parasite-host relationship，寄生—宿主关系

Partial differential equations，偏微分方程

Penalty for environmental pollution, 环境污染处罚
Periodic spatially inhomogeneous solutions, 周期性空间非齐次解
Phase portrait, 相图
Phase variable of OP, 优化问题的分段变量
Physical wear of equipment, 设备的有形损耗
   -in aggregate models, 综合模型
   -in integral models, 积分模型
Poisson distribution, 泊松分布
Pollution, 污染
   -in air, 大气
   -in water, 水
   -in underground water and soil, 地下水和土壤
Polyhedral cone, 多面锥
Population, 种群
   -of microorganisms, 微生物
Population size, 种群规模
Pores, 气孔
Pressured water layers, 有压水层
"Prey-predator" models, 捕食者—猎物模型
   Holling model, Holling 模型
   Volterra model, Volterra 模型
   Kolmogorov model, Kolmogorov 模型
   model with individual migration, 个体迁移模型
Prey-predator relationship, 捕食者—猎物关系
Principle of continuous operation, 连续运作原理
Production function (PF), 生产函数
   -properties, 性质
   -of resource extraction, 资源开采
   Cobb-Douglas PF, Cobb-Douglas 生产函数

linear PF，线性生产函数

PF CES，固定替代弹性的生产函数

PF with fixed proportions，固定投入比例的生产函数

Cobb-Douglas-Tinbergen PF，Cobb-Douglas-Tinbergen 生产函数

dynamic PF，动态生产函数

integral PF，积分生产函数

two-facor PF，两要素生产函数

material balance PF，原料平衡生产函数

Production process，生产过程

Production sectors，生产部门

Production technology set，生产技术集合

Productivity，产量

 -average，平均

 -of linear model，线性模型

Putty-clay models，Putty-clay 模型

Putty-putty models，Putty-putty 模型

Q

Quasiharmonic equation，准调和方程

R

R&D investments，R&D 投资

Ramification point，分歧点

Rate of embodied TC，物化型技术进步率

 -relative，相对

Regional economic-environment problems，区域性经济环境问题

Regional systems，区域性系统

Reynolds equations for a fluid with free surface，自由表面液体的雷诺方程

Reynolds turbulent stress tensor，雷诺湍流应力张量

Renewal equation，更新方程

Reproduction number of population，种群繁殖数量

Resources，资源

  -non-renewable，不可再生

  -semi-renewable，半可再生

  -renewable，可再生

S

Saturated soil，饱和土壤

Scheme of water transport in soil，土壤中水迁移方案

Sedimentation，沉降

Sedimentation model，沉降模型

Self-organization approach，自我组织方法

Simulation，模拟

Singular point，奇点

  - "center"，中心

  - "stable node"，稳定结点

  - "stable focus"，稳定焦点

  - "unstable focus"，非稳定焦点

Singular regimes，奇异机制

Smog，烟雾

Soil skeleton，土壤构架

Stationary flow problem，静态流问题

Stationary ingredient distribution，静态成分分布

Stationary trajectories，静态路径

Stationary state of population，种群静态状态

Strain velocity tensor，应变速度张量

Stratification，层理

Stream function，流量函数

Structure of DS，动力系统结构

Struggle against insects，防治害虫

　　-chemical，化学

　　-biological，生物学

Substantial problem，实质问题

Substitution effect，替代效应

Surface "super-roughness"，表面超粗糙

Sustainable economic development，可持续经济发展

Symbiosis，共生

T

Technological change (TC)，技术进步

　　-autonomous，自主型

　　-embodied，物化型

　　-endogenous TC，内生型技术进步

　　-exogenous TC，外生型技术进步

　　-induced，导出型

　　-as separate branch of production，作为独立生产分支

Technological map，技术映射

Technological optimization，技术优化

　　-with accounting environmental impact，环境影响下的

Temperature inversion，逆温

　　-near-land，近地

　　-raised，加大

Traffic function，流量函数

Traffic chain，流通链

Trajectory of maximal balanced growth，最佳平衡增长路径

Transfer function，转移函数

Travelling oscillatory waves，行进性波形振荡解

Turnpike regime，大道机制

Turnpike theorems，大道定理

 -in normal form，常态

 -in integral model，积分模型

 -for expenditure minimization，投入最小化

 -in strong form，强态

 -in integral model，积分模型

 -in the strongest form，最强态

 -in integral model，积分模型

 -for expenditure minimization，投入最小化

 -in Shell model，Shell 模型

 -weak，弱态

Turnpike trajectory，大道路径

U

Unit impulse response，单位脉冲响应

Utility function，效用函数

 -in integral models，积分模型

V

Verhulst-Pearl model，Verhulst-Pearl 模型

 -of population dynamics，种群动力学

 -of innovation process，革新过程

Volterra integral equation (VIE)，Volterra 积分方程

 -of the first kind，第一类

 -of the second kind，第二类

 -with sought-for integral limit，未知积分下限

W

Wear rate，折旧率

Translation from the English language edition:
Mathematical Modeling in Economics, Ecology and the Environment
by Hritonenko, N. V. & Yatsenko, Yuri P. (edition: 1; year of publication: 1999)

Copyright © 1999 Kluwer Academic Publishers as
a part of Springer Science + Business Media
All Rights Reserved.

Simplified Chinese version © 2011 by China Renmin University Press.

图书在版编目（CIP）数据

经济、生态与环境科学中的数学模型/西德南科，耶申科著；申笑颜译. —北京：中国人民大学出版社，2011.11
ISBN 978-7-300-14752-9

Ⅰ.①经… Ⅱ.①西…②耶…③申… Ⅲ.①经济模型-研究②生态学-数学模型-研究③环境科学-数学模型-研究 Ⅳ.①F224.0②Q141③X11

中国版本图书馆 CIP 数据核字（2011）第 234261 号

经济、生态与环境科学中的数学模型
纳塔丽·西德南科
尤里·耶申科　著
申笑颜　译
Jingji Shengtai yu Huanjing Kexuezhong de Shuxue Moxing

出版发行	中国人民大学出版社		
社　　址	北京中关村大街 31 号	邮政编码	100080
电　　话	010 - 62511242（总编室）	010 - 62511398（质管部）	
	010 - 82501766（邮购部）	010 - 62514148（门市部）	
	010 - 62515195（发行公司）	010 - 62515275（盗版举报）	
网　　址	http://www.crup.com.cn		
	http://www.ttrnet.com（人大教研网）		
经　　销	新华书店		
印　　刷	北京中印联印务有限公司		
规　　格	155 mm×235 mm　16 开本	版　次	2011 年 12 月第 1 版
印　　张	13.5 插页 2	印　次	2011 年 12 月第 1 次印刷
字　　数	183 000	定　价	28.00 元

版权所有　　侵权必究　　印装差错　　负责调换